Qualidade e excelência em serviços

inter saberes

Qualidade e excelência em serviços

Dálcio Roberto dos Reis Júnior

Rua Clara Vendramin, 58 . Mossunguê
CEP 81200-170 . Curitiba . PR . Brasil
Fone: (41) 2106-4170
www.intersaberes.com
editora@intersaberes.com

Conselho editorial	Dr. Alexandre Coutinho Pagliarini | Drª. Elena Godoy
	Dr. Neri dos Santos | Dr. Ulf Gregor Baranow
Editor-chefe	Lindsay Azambuja
Gerente editorial	Ariadne Nunes Wenger
Assistente editorial	Daniela Viroli Pereira Pinto
Preparação de originais	Gilberto Girardello Filho
Edição de texto	Letra & Língua Ltda. - ME | Caroline Rabelo Gomes
Capa	Charles L. da Silva (design) | fizkes/Shutterstock (imagens)
Projeto gráfico	Sílvio Gabriel Spannenberg
Iconografia	Sandra Lopis da Silveira | Regina Claudia Cruz Prestes

Dados Internacionais de Catalogação na Publicação (CIP)
(Câmara Brasileira do Livro, SP, Brasil)

Reis Júnior, Dálcio Roberto dos
    Qualidade e excelência em serviços/Dálcio Roberto dos Reis Júnior. Curitiba: InterSaberes, 2022.

    Bibliografia.
    ISBN 978-65-5517-317-8

    1. Clientes – Contatos – Administração 2. Planejamento estratégico 3. Qualidade dos produtos 4. Qualidade dos serviços 5. Satisfação do consumidor – Avaliação I. Título.

21-90206   CDD-658.562

Índices para catálogo sistemático:
1. Serviços: Qualidade: Administração   658.562

Cibele Maria Dias – Bibliotecária – CRB-8/9427

1ª edição, 2022.
Foi feito o depósito legal.
Informamos que é de inteira responsabilidade do autor a emissão de conceitos.
Nenhuma parte desta publicação poderá ser reproduzida por qualquer meio ou forma sem a prévia autorização da Editora InterSaberes.
A violação dos direitos autorais é crime estabelecido na Lei n. 9.610/1998 e punido pelo art. 184 do Código Penal.

Sumário

7   Apresentação
12   Como aproveitar ao máximo este livro

17   **Os serviços na economia**
18   1.1 O que são serviços?
24   1.2 O papel dos serviços na economia

29   **Características dos serviços e percepção da qualidade**
31   2.1 Características gerais dos serviços
34   2.2 Elementos da qualidade de um serviço
40   2.3 Participação dos clientes nos serviços
47   2.4 Definição de qualidade

59   **Medidas da qualidade nos serviços**
62   3.1 O modelo Servqual
69   3.2 O modelo Servperf

77   **Comparando serviços com produtos: consistência e competência**
79   4.1 Diferenças entre produto e serviço
80   4.2 O consumidor como coparticipante dos serviços
81   4.3 Abordagem de contato com o cliente
82   4.4 O empoderamento dos clientes

89   **Atuação corretiva da gestão, gestão do comportamento e falhas na prestação do serviço**
90   5.1 Atuação corretiva da gestão

93	5.2 Comportamento dos consumidores de serviços: gestão do comportamento
118	5.3 Falhas na prestação do serviço
121	5.4 Abordagens para a recuperação do serviço

127	**Competindo por meio da qualidade e da inovação dos serviços**
128	6.1 Liderança global em custos
131	6.2 Diferenciação
133	6.3 Foco
134	6.4 Competindo por meio da inovação

139	**Custos referentes à prevenção, à inspeção no conceito estratégico e aos sistemas para a monitoração dos serviços**
140	7.1 Os custos da qualidade
149	7.2 Como administrar os custos da qualidade dos serviços
151	7.3 Análise das tendências dos custos da qualidade

159	Referências
165	Respostas
169	Sobre o autor

Apresentação

Os serviços têm tomado uma importância nunca antes vista nas economias de praticamente todas as sociedades do mundo, com especial ênfase aos países desenvolvidos ou em desenvolvimento. Esse fenômeno econômico impacta direta ou indiretamente infinitos contextos, desde a formação dos recursos humanos, passando pelo comportamento da sociedade, até a criação de diretrizes, leis e regulamentações governamentais. A relevância cada vez maior dos serviços na economia de diversas nações tem atraído a atenção de estudiosos, pesquisadores, consultores e empresários, os quais, por sua vez, buscam compreender todas as formas de prestar o melhor serviço possível. Em um primeiro olhar, essa pode até parecer uma missão simples, mas que se revela um verdadeiro desafio. Prestar serviços com qualidade exige dedicação, estudo, tempo, gestão e estratégia adequados. E é justamente nisso que reside o maior atrativo para estudar essa temática.

Desde a Revolução Industrial, não presenciávamos tantos profissionais migrando da agricultura e da manufatura para os serviços. Trata-se de um fenômeno global amplo e ainda mais visível nos países ricos ou em desenvolvimento. Algumas razões para o crescimento desse fenômeno centram-se na criação de comunicações globais (sobretudo, em meios de comunicação instantânea e redes sociais), no crescimento tecnológico, no desenvolvimento de centros urbanos cada vez maiores e na mão de obra de mais baixo custo. As indústrias de serviços são responsáveis pela maior parte do produto interno bruto (PIB) em todas as nações industrializadas. Os serviços são responsáveis por uma parte significativa das novas vagas de emprego, resultando em um aumento expressivo da qualidade de vida da sociedade em geral. Muitos desses empregos são para trabalhadores do conhecimento, altamente qualificados em serviços profissionais e comerciais, bem como em saúde e educação.

Conforme mostra a Tabela A, a extensão desse fenômeno migratório da agricultura e da manufatura para serviços é significativa tanto nas nações ricas e industrializadas (União Europeia – média dos países que a compõem –, Estados Unidos e Japão) quanto nas economias em desenvolvimento do BRIC (Brasil, Rússia, Índia e China), representando uma proporção da força de trabalho maior do que aquela empregada na produção de bens para consumo.

Tabela A – Empregos por setor nas dez maiores nações

Nação	% da força de trabalho mundial	% Agro	% Bens	% Serviços
China	21,2	33,6	30,3	36,1
Índia	13,9	49,0	20,0	31,0
União Europeia	6,4	5,0	21,9	73,1
Estados Unidos	4,3	0,7	20,3	79,0
Indonésia	3,4	38,9	13,2	47,9
Brasil	3,0	15,7	13,3	71,0
Bangladesh	2,3	47,0	13,0	40,0
Rússia	2,1	9,4	27,6	63,0
Japão	1,8	2,9	26,2	70,9
Paquistão	1,7	43,7	22,4	33,9

Fonte: Bordoloi; Fitzsimmons; Fitzsimmons, 2019, p. 3.

No início do século XX, cerca de 70% dos trabalhadores dos Estados Unidos atuavam na agricultura e na indústria de manufatura. Apenas três em cada dez trabalhadores estavam empregados no setor de serviços. Por volta da década de 1950, essa divisão já se mostrava igualitária: 50% estava na força de trabalho para agricultura, e a mesma porcentagem, na manufatura (Bordoloi; Fitzsimmons; Fitzsimmons, 2019). Atualmente, os serviços empregam quase 80% dos profissionais norte-americanos.

Desde a Segunda Guerra Mundial, no final da década de 1940, temos testemunhado uma grande evolução no número de profissionais dedicados ao setor de serviços. Essa mudança nas áreas de emprego teve um impacto significativo na cultura, na demografia e na educação das diversas sociedades. A esse respeito, Bordoloi, Fitzsimmons e Fitzsimmons (2019) afirmam que os economistas que estudam o crescimento econômico não se surpreendem com esses eventos. Para os autores, tais profissionais argumentam que, à medida que as nações se industrializam, há uma mudança inevitável de empregos de um setor da economia para outro. Sob essa ótica, quando a produtividade (produção/hora de trabalho) aumenta em um setor, a força de trabalho muda para outro. Essa observação, conhecida como *hipótese de Clark-Fisher*, leva a uma classificação das economias que considera a observação da atividade referente à maioria da força de trabalho (Bordoloi; Fitzsimmons; Fitzsimmons, 2019).

Especificamente no Brasil, nos últimos anos, tem-se observado uma evolução significativa na representatividade do setor de serviços na economia. Em 1998, o setor representava 69% do PIB nacional. Esse número chegou a 73% nos últimos dados coletados e apresentados pelo Instituto Brasileiro de Geografia e Estatística (IBGE, 2021)

Para muitas pessoas, serviço é sinônimo de servidão. Não são raras as vezes em que a palavra *serviço* remete, a alguns, a trabalhadores limpando o chão, servindo mesas ou algo similar. No entanto, esse setor não pode ser associado apenas a empregos de baixa qualificação ou baixa remuneração, por mais que estes sejam dignos de respeito. Em vez disso, aproximadamente 27% dos profissionais prestadores de serviços se caracterizam pela alta qualificação, como serviços profissionais e comerciais, saúde e assistência social ou serviços educacionais (Bordoloi; Fitzsimmons; Fitzsimmons, 2019).

Embora as mudanças abordadas nos parágrafos anteriores pareçam, em um primeiro momento, apenas representativas para ilustrar a importância e o crescimento do setor de serviços em diversas sociedades, os dados apresentados extrapolam essa visão. Tais mudanças terão implicações sobre onde e como as pessoas vivem e, também, a respeito das exigências educacionais e, consequentemente, dos tipos de organizações que serão importantes para a sociedade.

Por exemplo, a industrialização, com ênfase na última Revolução Industrial, criou a necessidade de trabalhadores parcialmente qualificados e que pudessem ser treinados em poucos dias para realizar as tarefas rotineiras e operacionais nas linhas de produção manufatureira. Assim, o crescimento do setor de serviços causou uma mudança para ocupações de alta qualificação (profissionais, à época, conhecidos como de "colarinho branco").

Nos Estados Unidos, o ano de 1956 representou um momento decisivo. Pela primeira vez na história da sociedade industrial, o número de trabalhadores de alta qualificação excedeu o de baixa qualificação, e a diferença tem aumentado desde então. O crescimento mais interessante tem ocorrido nos campos gerencial e técnico-profissional, os quais englobam cargos que exigem formação superior (Bordoloi; Fitzsimmons; Fitzsimmons, 2019).

A sequência a seguir, adaptada de Bordoloi, Fitzsimmons e Fitzsimmons (2019), mostra uma breve descrição dos cinco setores que compõem a indústria dos serviços.

1. **Quinário** (ampliando o potencial humano): saúde, educação, pesquisa, artes e recreação.
2. **Quaternário** (logística e comércio): transporte, comunicações, varejo, finanças e governo.
3. **Terciário** (serviços domésticos): restaurantes, hotéis, lavanderia e manutenção.
4. **Secundário** (produção de bens): manufatura e processamento.
5. **Primário** (extrativo): agricultura, mineração, pesca, silvicultura.

Perceba que, na maioria das literaturas atualmente disponíveis sobre o assunto, a economia dos serviços é sempre dividida em três categorias. Contudo, o nível terciário tem sido subdivido para melhor abranger todas as subdivisões que o compõem, gerando mais duas categorias (totalizando as cinco apresentadas). De qualquer forma, sendo três ou cinco, ficam claras a importância e a abrangência do setor de serviços em praticamente todas as economias do mundo.

Diante desse cenário, essa imensa representatividade do setor na economia nacional têm levado pesquisadores, professores e consultores a se dedicarem com afinco ao desenvolvimento de ferramentas, técnicas e metodologias que possam auxiliar ainda mais o setor a continuar desempenhando um papel de destaque na criação de riquezas com mais qualidade e competitividade.

Diante do exposto, nos sete capítulos deste livro, abordaremos diversos temas relacionados à qualidade em serviços, tais como: conceitos de serviços e de qualidade; características dos serviços; percepção de qualidade; medidas de percepção de qualidade; comparação entre produtos e serviços; ações corretivas de falhas nos serviços, e muito mais.

No Capítulo 1, apresentaremos alguns dados que destacam a importância do setor de serviços nas economias mundial e brasileira. No Capítulo 2, evidenciaremos as características dos serviços e os princípios da percepção de qualidade. Já no Capítulo 3, abordaremos dois dos instrumentos de medida da percepção da qualidade mais utilizados mundialmente. Por sua vez, no Capítulo 4, identificaremos as diferenças entre serviços e produtos em relação às suas competências e consistência. No Capítulo 5, debateremos sobre a atuação corretiva da gestão, a gestão do comportamento e as falhas na prestação dos serviços. No Capítulo 6, discutiremos sobre como tornar a qualidade e a inovação armas competitivas para os serviços. Por fim, no Capítulo 7, traremos alguns preceitos básicos para analisarmos os custos da qualidade em serviços.

Boa leitura!

Como aproveitar ao máximo este livro

Empregamos nesta obra recursos que visam enriquecer seu aprendizado, facilitar a compreensão dos conteúdos e tornar a leitura mais dinâmica. Conheça a seguir cada uma dessas ferramentas e saiba como elas estão distribuídas no decorrer deste livro para bem aproveitá-las.

Síntese

Ao final de cada capítulo, relacionamos as principais informações nele abordadas a fim de que você avalie as conclusões a que chegou, confirmando-as ou redefinindo-as.

Questões para revisão

Ao realizar estas atividades, você poderá rever os principais conceitos analisados. Ao final do livro, disponibilizamos as respostas às questões para a verificação de sua aprendizagem.

Questões para reflexão

Ao propor estas questões, pretendemos estimular sua reflexão crítica sobre temas que ampliam a discussão dos conteúdos tratados no capítulo, contemplando ideias e experiências que podem ser compartilhadas com seus pares.

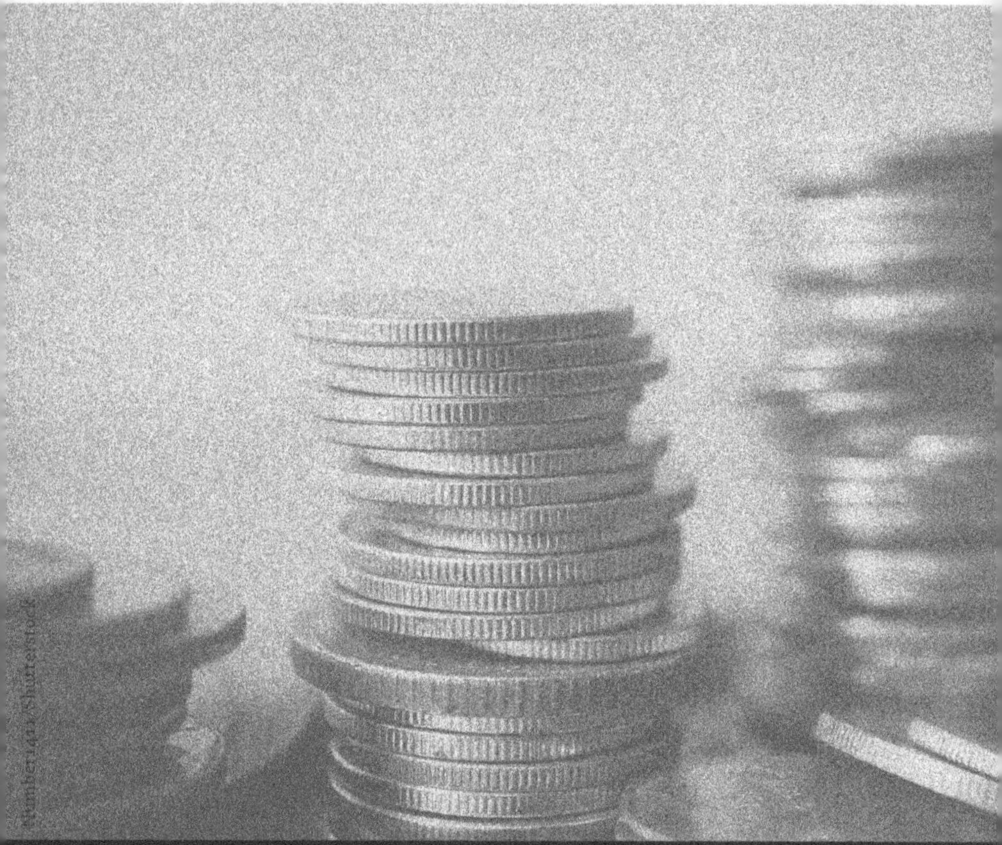

Number1411/Shutterstock

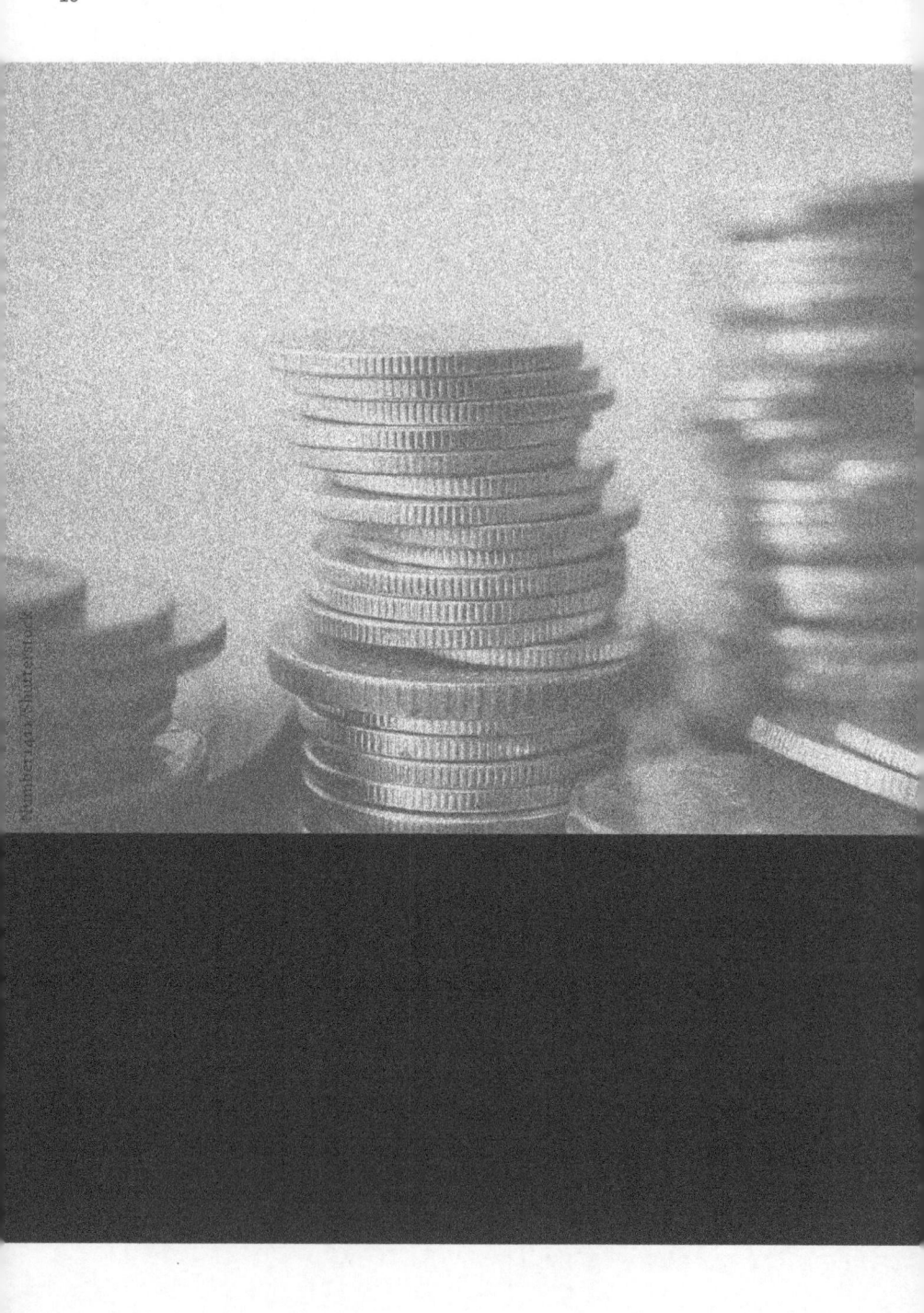

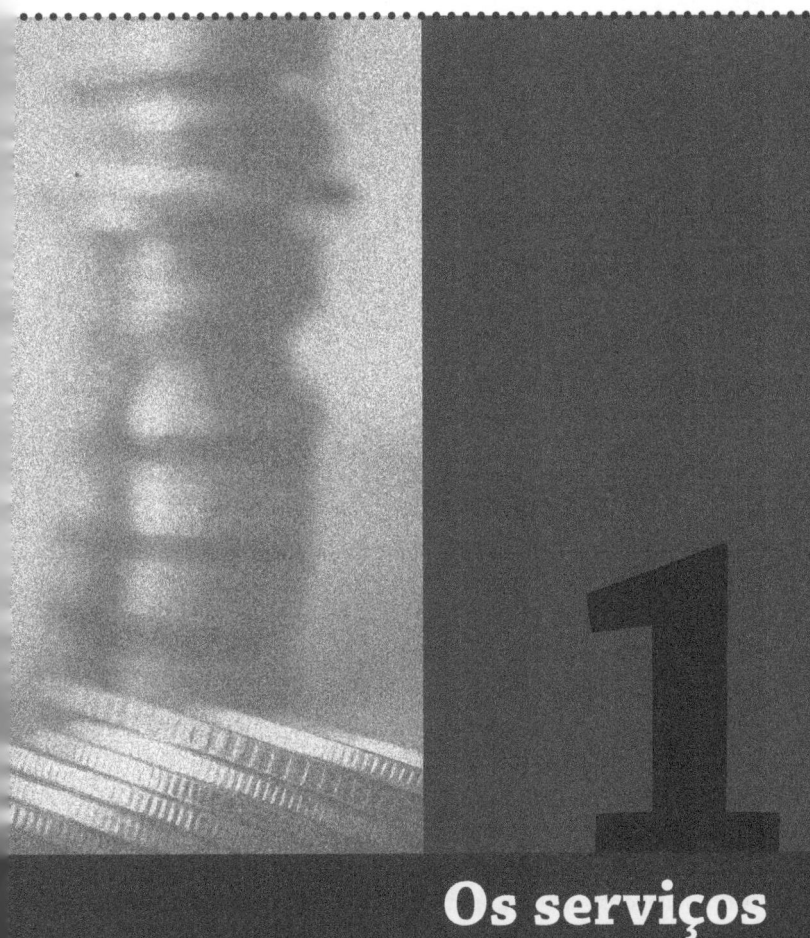

Os serviços na economia

1

O s serviços têm aumentado cada vez mais a participação nas economias e nas sociedades dos maiores países do mundo. Tamanha importância tem levado pesquisadores do mundo todo a buscar respostas para entender esse fenômeno e encontrar novos horizontes para potencializá-lo ainda mais. Para isso, compreender o conceito de serviço e sua importância na sociedade atual deve ser o primeiro passo.

A um primeiro olhar, conceituar o termo *serviços* parece ser muito simples, uma vez que não se trata de uma palavra desconhecida. Além disso, certamente você se utiliza de diversos serviços rotineiramente. Diante dessa "familiaridade", todos nós temos um conceito na ponta da língua para esse termo. Mas será que conhecemos mesmo o que esse tema brilhante representa?

Por mais estranho que pareça, toda essa familiaridade que temos com o tema, por vezes, pode dificultar nosso entendimento sobre ele, especialmente por conta do número de definições, conceitos e opiniões diferentes, entre outros aspectos.

1.1 O QUE SÃO SERVIÇOS?

Muitas definições de *serviço* estão disponíveis na literatura. Apesar de distintas entre si, todas contêm uma abordagem comum relacionada à intangibilidade e ao consumo simultâneo. Um dos primeiros conceitos de serviço foi estruturado por Hill (1977), para quem um *serviço* pode ser definido como uma alteração na condição de uma pessoa ou de um bem pertencente a um agente econômico e que se apresenta como resultado da atividade de outro agente econômico mediante um acordo prévio entre as partes.

Essa definição de Hill (1977), apesar de clássica, já revela o serviço como uma relação entre diferentes atores (agentes econômicos). Vale salientar que tais atores podem ser pessoas físicas, organizações empresariais ou de classe, o Poder Público, enfim, quaisquer agentes capazes de se relacionar por mútuo acordo com o objetivo de alterar uma condição prévia de um deles por meio da atuação do outro. Essa definição serviu como pontapé inicial para sustentar inúmeros pesquisadores que se dedicaram ao tema nos últimos anos.

Partindo para algumas conceituações mais contemporâneas, uma definição de destaque é a de Zarifian (2001, p. 119): "Serviço é uma organização e uma mobilização, a mais eficiente possível, de recursos para interpretar, compreender e gerar a 'mudança' nas condições de atividades do destinatário do serviço".

O conceito seguinte, de Valarie et al. (2006, p. 4, tradução nossa), representa uma amostra simplista de definições de *serviço*: "Serviços são ações, processos e desempenhos".

Outra definição contemporânea é de Spoher et al. (2007, p. 72, tradução nossa), para quem "um sistema de serviço é uma configuração de coprodução de valor de pessoas, tecnologia, outros sistemas de serviço internos e externos e informações compartilhadas (como linguagem, processos, métricas, preços, políticas e leis)".

No contexto brasileiro, apesar de diversos pesquisadores terem se debruçado sobre o tema nas últimas décadas, o que mais se destaca, não só pela rigidez científica empregada, mas também pela representatividade técnica e política da instituição, é o conceito da International Organization of Standardization, ou a conhecida ISO, representada no Brasil pela Associação Brasileira de Normas Técnicas (ABNT), que define *serviço* como "resultado gerado por atividades na 'interface entre fornecedor e cliente' e por atividades internas do fornecedor para atender às necessidades do cliente" (ABNT, citada por Carvalho; Paladini, 2005, p. 332).

Perceba que, mesmo sendo mais simplista ou mais complexo, o conceito de serviço não é muito simples de ser compreendido em um primeiro olhar. Embora seja um fenômeno conhecido, estabelecer uma definição que aborde todas as infinitas nuances que esse termo pode ter ainda é um trabalho árduo e, em nossa opinião, ainda em construção.

As primeiras descrições de serviços, com muitas semelhanças em relação ao conceito adotado nos dias atuais (o qual abordaremos na sequência), foram estruturadas há quase três séculos. Não há uma definição clara sobre quem foi o primeiro a utilizar a palavra *serviço*, até por ser termo utilizado em diversos contextos diferentes. Todavia, pela representatividade da obra *A riqueza das nações*, publicada originalmente em 1776 e republicada dezenas de vezes no decorrer dos anos, Adam Smith (2016) teceu uma das mais claras conceituações. Para conseguir demonstrar seu conceito, o autor fez uso de uma comparação entre produto e serviço, chamados por ele de *trabalho produtivo* e *trabalho improdutivo*, respectivamente. Segundo Smith (2016), o primeiro gerava bens tangíveis que poderiam ser armazenados e, posteriormente, trocados por dinheiro ou por quaisquer outros itens de valor e de interesse. Em contrapartida, o trabalho improdutivo gerava serviços que pereciam no momento da produção, não contribuindo para a geração de riqueza por não representarem posse.

Evidentemente, o leitor deve ter percebido que, nos dias de hoje, não é difícil concluir que essa visão de Adam Smith é limitada para compreendermos como os serviços são entendidos. Todavia, foi um importante primeiro passo para muitos estudiosos que o sucederam. Um desses sucessores foi o economista francês Jean-Baptiste Say, para quem, por sua vez, produção e consumo seriam inseparáveis, o que acarretou a criação da expressão *produtos imateriais*. Esse termo cunhado por Say é o que mais se aproxima do conceito atual de serviço (Lovelock; Gumesson, 2011).

Em nosso tempo, a diferença entre serviços e produtos já está mais bem definida. No entanto, vale ressaltar um aspecto cultural importante para aprendermos, de fato, o que são produtos e serviços. Principalmente na cultura norte-americana, o termo *produto* pode ser usado para nos referirmos tanto ao produto em si quanto a serviços. Para tal, alguns autores utilizam os termos *produto-bem* e *produto-serviço*. Contudo, essa nomenclatura nunca se popularizou no Brasil. Mantivemos aqui o hábito de falarmos *produto* e *serviço* para nos referirmos a produto-bem e produto-serviço, respectivamente. Esse adendo é importante, pois possivelmente você entrará em contato com autores que usam apenas a palavra *bem* para se referir a um produto, o que pode gerar certa confusão aos desavisados. Todavia, nesta obra, utilizaremos o uso do termo *produto* para bens tangíveis e *serviços* para intangíveis.

Para esclarecermos a diferença entre produtos e serviços, vamos utilizar a definição de Berry (2001). O autor afirma que os serviços se definem como atos, esforços ou desempenhos, e os produtos são entendidos como objetos, aparelhos ou quaisquer itens tangíveis.

Percebemos, então, que o fator diferenciador entre ambos é a tangibilidade. Os produtos são tangíveis, têm propriedades físicas que podem ser sentidas, provadas e vistas antes da decisão de compra do cliente. Em contrapartida, os serviços têm características intangíveis, isto é, não apresentam propriedades físicas que possam auxiliar o cliente na decisão da compra (Berry, 2001). Contudo, mais recentemente, alguns estudiosos, como Lovelock e Gummesson (2004), já levantaram a questão sobre a possibilidade de alguns serviços também passarem a oferecer itens tangíveis.

Os autores supracitados ressaltam que, recentemente, algumas categorias de serviço passaram a oferecer bens tangíveis (mas isentos de propriedade) aos seus usuários, acrescentando esse aspecto entre os itens a serem avaliados pelos clientes na decisão da compra. Pois bem, Lovelock e Gummesson (2014, p. 20) listam cinco categorias de serviços tangíveis, mas com estrutura de não propriedade, que podem ser utilizadas pelos usuários isoladamente ou de maneira combinada:

1. **Serviços de locação de bens**: esses serviços permitem aos consumidores obter o direito temporário de usar um bem

físico que eles preferem não possuir. Exemplos: barcos, trajes a rigor e colhedeiras de grãos.
2. **Locação de espaços e locais delimitados**: nesse caso, os consumidores obtêm o uso de uma porção delimitada de um espaço maior em um prédio, em um veículo ou em uma área. Exemplos: conjunto em um prédio comercial, um assento em um avião ou uma mesa em um restaurante.
3. **Locação de mão de obra e experiência**: os consumidores contratam outras pessoas para executar um trabalho que optam por não fazer (por exemplo, limpar a casa) ou que são incapazes de executar por falta de experiência, ferramentas ou habilidades necessárias.
4. **Acesso a ambientes físicos compartilhados**: esses ambientes podem localizar-se interna ou externamente ou, ainda, ser uma combinação de ambos. Podemos citar como exemplos: museus, parques temáticos, feiras comerciais, ginásios, *resorts*, campos de golfe e rodovias pedagiadas.
5. **Acesso a sistemas e redes e seu uso**: nesse caso, os consumidores alugam o direito de participar de uma rede específica, como de telecomunicações, serviços públicos, bancos, seguros ou serviços especializados de informações.

Perceba que a definição do que são "serviços" tem sido ampliada ao longo do tempo, fazendo com que a gama de possibilidade aumente. Ao contrário dos produtos, que mantêm o conceito de algo tangível e adquirido de modo definitivo (ao menos, até o final de seu ciclo de vida) já há alguns séculos, os serviços têm sido ampliados de maneira exponencial e revelam uma tendência de se manterem assim nos próximos tempos. Esse fato pode explicar, total ou parcialmente, a crescente representatividade dos serviços no produto interno bruto (PIB) de praticamente todos os países. Tal fenômeno é tão presente que muitas indústrias voltadas unicamente à produção de bens de consumo tangíveis já estão se alinhando e sendo administradas, estrategicamente, como indústrias de serviços – voltaremos a abordar essa temática na sequência deste livro.

Existem dezenas de definições de serviços na literatura. Contudo, nesta obra, e visando a um alinhamento de todos os temas que serão nela abordados, estabeleceremos como referência a definição de Edvardson, Gustafsson e Roos (2005) e adaptada por Lovelock, Wirtz e Hemzo (2011). Essa escolha baseou-se, principalmente, no fato de os autores serem reconhecidos no meio acadêmico, bem como porque tal conceituação é uma das mais citadas por outros trabalhos científicos, o que garante sua credibilidade e representatividade.

A definição é a seguinte:

> Serviços são atividades econômicas que uma parte oferece à outra. Geralmente baseadas no tempo, seu desempenho traz a seus destinatários os resultados desejados, objetos ou outros ativos pelos quais os compradores têm responsabilidade. Em troca de dinheiro, tempo e esforço, os consumidores de serviços esperam receber o valor de acesso a bens, mão de obra, habilidades profissionais, instalações, redes e sistemas, mas eles não costumam deter a propriedade de qualquer um dos elementos físicos envolvidos. (Lovelock; Wirtz;; Hemzo, 2011, p. 21)

Vamos detalhar alguns pontos importantes sobre o conceito apresentado:

- ❖ A definição de serviços como uma troca de valor entre prestador do serviço e cliente é extremamente válida para contrapormos a ideia de que serviço se baseia na busca por uma "solução" por parte do cliente, como se a outra via não fosse de igual importância. Para ser considerada uma atividade econômica, é essencial que haja troca de valores, soluções para os clientes e riqueza para os prestadores do serviço.
- ❖ Outro ponto a ser destacado também tem a ver com o termo "solução". Perceba que esse termo nos remete ao término de um problema ou à solução de algo que incomodava o cliente, o que é, até certo ponto, uma leitura limitante sobre os benefícios da contratação de um serviço. O conceito de Edvardsson, Gustafsson e Roos (2005), adaptado

por Lovelock, Wirtz e Hemzo (2011), usa o termo *resultados desejados* por conta da maior amplitude e positividade em relação à palavra *solução*.

1.2 O PAPEL DOS SERVIÇOS NA ECONOMIA

Conforme apresentado na Figura 1.1, os serviços são centrais para a atividade econômica em qualquer sociedade. Mesmo que constituam uma porcentagem extremamente representativa do PIB de muitos países, como comentamos no início do livro, nosso objetivo neste momento é mostrar como os serviços podem ser considerados o pilar central e operacional da economia de uma sociedade.

Figura 1.1 – O papel dos serviços na economia

Serviços financeiros
- Financiamento
- Locação
- Seguro

Serviços de infraestrutura
- Comunicações
- Transporte
- Serviços de utilidade pública
- Bancário

Manufatura
Serviços dentro da empresa
- Finança
- Contabilidade
- Jurídico
- P&D e *Design*

Serviços de distribuição
- Comércio por atacado
- Varejo
- Reparos

Serviços pessoais
- Cuidados de saúde
- Restaurantes
- Hotéis

Consumidor
- Autosserviço

Serviços prestados
- Consultoria
- Auditoria
- Publicidade
- Descarte de resíduos

Serviços governamentais
- Militares
- Educação
- Judicial
- Polícia e proteção contra incêndio

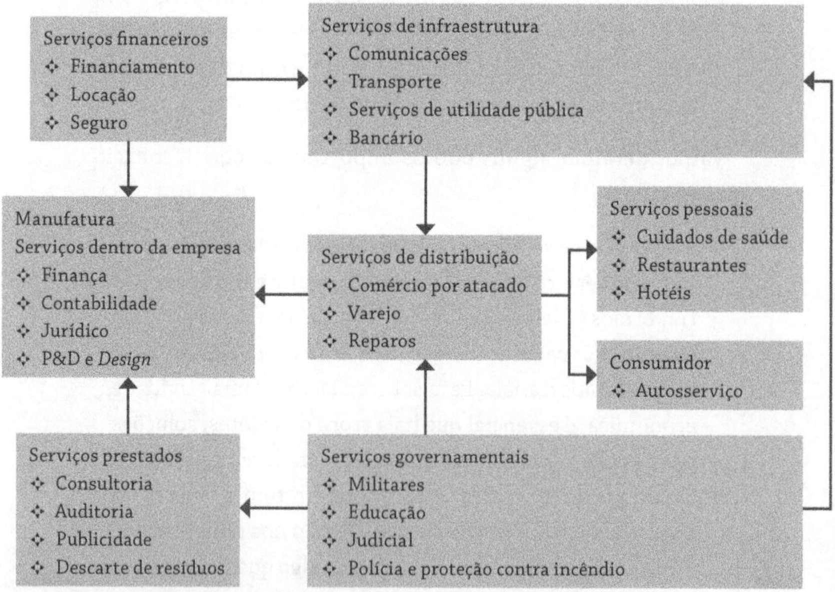

Fonte: Bruce; Quinn, 1988, p. 214.

Os serviços de infraestrutura, como transporte e comunicações, são a base essencial de uma economia. Na prática, isso significa que são serviços essenciais até para o funcionamento de outros serviços. Todas as organizações prestadoras de serviços necessitam de algum sistema logístico (internet e telefone, por exemplo). Da mesma forma, os serviços de infraestrutura e distribuição funcionam como intermediários econômicos e como canal de distribuição para o consumidor final. Já os de infraestrutura e distribuição (como portos, aeroportos, estradas, entre outros) são um requisito básico para que uma economia se industrialize. Portanto, nenhuma sociedade avançada pode ficar sem esses serviços, por razões evidentes. Tal aspecto é tão essencial que se nota claramente no Brasil uma inclinação para a industrialização dos serviços para os estados que oferecem melhor infraestrutura. Em suma, as prestadoras de serviço escolhem onde se instalar com base nesses aspectos (Bordoloi; Fitzsimmons; Fitzsimmons, 2019).

Outro aspecto que ressalta ainda mais a importância dos serviços na economia: mesmo em uma economia industrializada, as empresas especializadas podem fornecer serviços comerciais às organizações manufatureiras de maneira mais barata e eficiente do que estas poderiam prover a si próprias. Além do preço e da eficiência, acrescenta-se o ganho de qualidade natural devido ao grau de especialização das prestadoras. Nesse caso, elas se caracterizarão como empresas terceirizadas ou subcontratadas das indústrias manufatureiras. São exemplos desse fenômeno as organizações fornecedoras de alimentação dos trabalhadores da manufatura ou, ainda, empresas responsáveis pela limpeza ou segurança de uma fábrica, além de agências de publicidade, de consultoria ou de quaisquer outros serviços de negócios fornecidos para o setor de manufatura por prestadoras de serviços (Bordoloi; Fitzsimmons; Fitzsimmons, 2019).

A Figura 1.1 e a discussão dos parágrafos anteriores denotam uma importância ímpar dos serviços em uma sociedade. Exceto para a subsistência básica, em que as famílias são autossuficientes, as atividades de serviços são absolutamente fundamentais para o funcionamento da economia e para a melhoria da qualidade de vida de uma população. Por exemplo, você consegue imaginar sua vida sem os serviços disponibilizados pelo setor bancário? Conseguiria se imaginar tendo à disposição apenas alimentos que sua região produz se os serviços de transporte não lhe trouxessem alimentos de todo o mundo? As coisas seriam bem mais complicadas do que já são, não é mesmo?

Além disso, você já reparou que uma gama enorme de serviços surgiu para substituir (ou livrar) alguns serviços domésticos? Restaurantes, hospedagem e creches, por exemplo, foram criados para transferir à economia funções que antes eram (ou podem ser) realizadas em casa (Bordoloi; Fitzsimmons; Fitzsimmons, 2019).

Síntese

Neste capítulo, apresentamos diversos conceitos de serviços e destacamos sua importância para a economia de todos os países e para a sociedade em geral. No entanto, nossa caminhada por esse tema tão encantador e importante está apenas começando. No capítulo a seguir, analisaremos as principais características dos serviços e evidenciaremos como se forma a percepção da qualidade nos clientes.

Questões para revisão

1. Leia a definição a seguir:

   Uma alteração na condição de uma pessoa ou de um bem pertencente a um agente econômico e que se apresenta como resultado da atividade de outro agente econômico mediante um acordo prévio entre as partes.

   Essa conceituação clássica de Hill (1977) se refere a

   a) qualidade.
   b) produto.
   c) serviços.
   d) custos.
   e) consumidor.

2. Assinale a seguir a alternativa que apresenta exemplo(s) de serviços tangíveis:
   a) Serviço de locação de bens.
   b) Locação de espaços e locais delimitados.
   c) Locação de mão de obra.
   d) Acesso a sistemas e redes.
   e) Todas as alternativas anteriores.

3. Quem foi o autor do clássico *A riqueza das nações*, uma das obras pioneiras a abordar o tema serviços, mesmo de forma ainda incipiente?
   a) Adam Smith.
   b) Karl Marx.
   c) Philip Kotler.
   d) Platão.
   e) Parasuraman.

4. Qual é a importância do setor de serviços na economia dos países?

5. Serviços são, conceitualmente, atividades econômicas intangíveis. Todavia, recentemente foi criada a classificação de serviços tangíveis. Explique o que você entende por serviços tangíveis.

Questão para reflexão

1. Atualmente, apenas 27% dos trabalhadores do setor de serviços se caracterizam como sendo de alta qualificação. Em um setor tão representativo para qualquer economia, em sua opinião, quais seriam os efeitos dessa baixa qualificação? O que você proporia se tivesse poder para melhorar esse cenário?

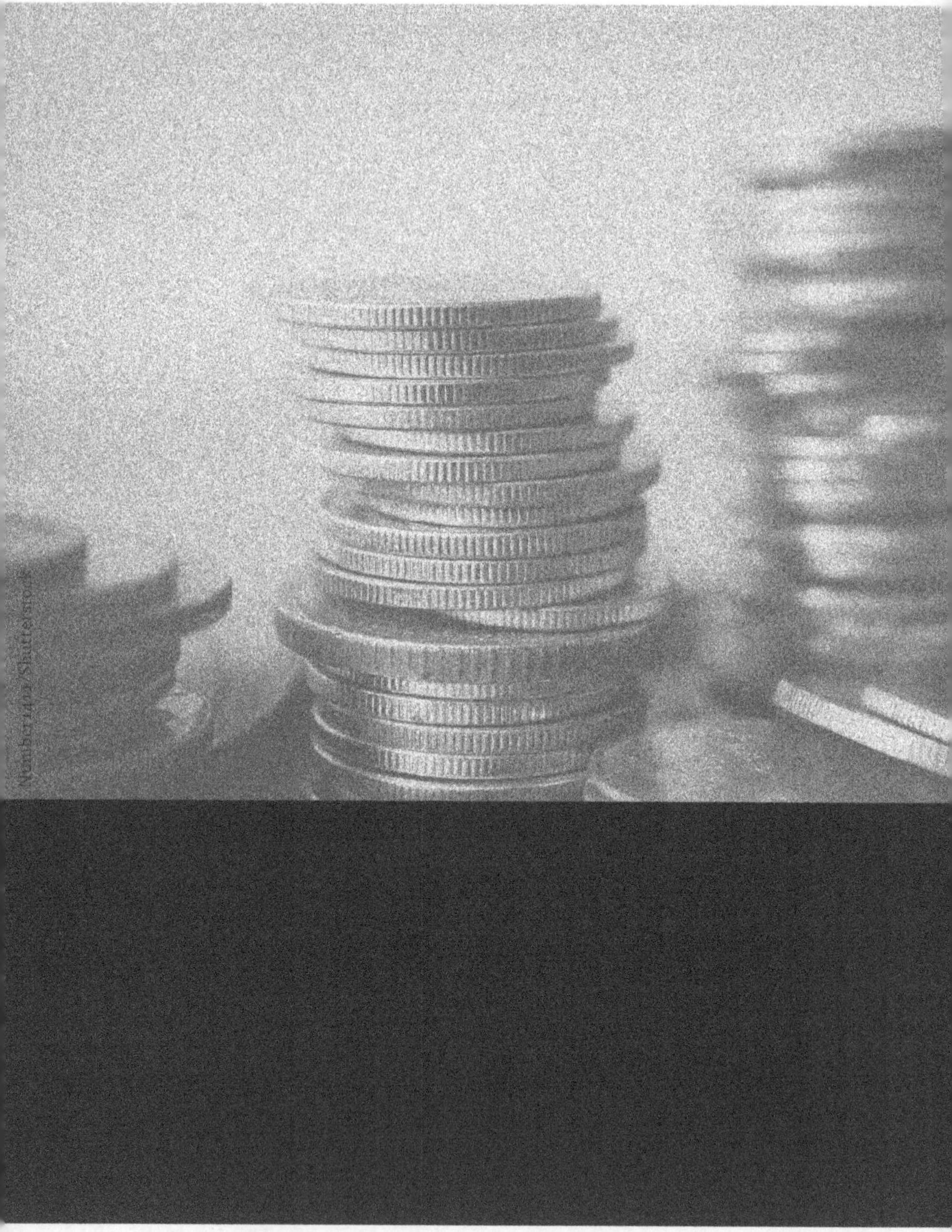
Shutterstock

Características dos serviços e percepção da qualidade

Provavelmente, você já deve ter passado por diversas situações extremamente desagradáveis no mundo dos serviços, daquelas capazes de fazê-lo perder o sono por um período, tamanha a frustação ocorrida. Quem nunca sentiu raiva ligando para a empresa prestadora de serviços de telefonia celular, para a companhia de TV a cabo ou, mesmo, quando tentava ser atendido em algum órgão público não muito organizado? Certamente, algumas situações passadas voltaram à sua mente e, talvez, tenham até lhe trazido à memória a mesma sensação frustrante. Pedimos sinceras desculpas se provocamos esse resgate desagradável que já estava enterrado (ou não) em sua mente.

Ao mesmo tempo, porém, e com um pouco de esforço, somos capazes de fazê-lo se lembrar de experiências extremamente positivas relacionadas ao uso de serviços. Aquele problema que aparentava não ter solução e que foi resolvido por um prestador competente ou, até mesmo, uma surpresa causada por um serviço que foi mais ágil, rápido e eficaz do que você poderia imaginar. Tais exemplos remetem a experiências positivas. Quando há uma grande chuva, por exemplo, é muito comum ocorrerem quedas de árvores, de energia e interrupções do serviço de internet. Caso a solução desses problemas tenha sido ágil a ponto de você não ter percebido qualquer prejuízo em seu dia a dia, credite isso à execução eficiente de um serviço.

Afinal, o que difere as prestações de serviços que acabam com nosso dia daquelas capazes de resolver nossos problemas com maestria? Essa será uma questão central deste capítulo (e da obra como um todo).

2.1 CARACTERÍSTICAS GERAIS DOS SERVIÇOS

As prestadoras de serviços precisam estar conscientes de diversas peculiaridades que devem ser consideradas quando se trata de qualidade em serviços. Primeiramente, deve-se ter consciência de que a satisfação do cliente não é responsabilidade de apenas um setor da empresa. A busca pela qualidade na prestação do serviço deve ser um mantra disseminado por toda a organização. Assim, é responsabilidade de todos assegurar a satisfação dos clientes, aperfeiçoando constantemente a qualidade dos serviços prestados (Kotler, 1998).

Philip Kotler, considerado por muitos o pai da administração moderna, é um dos estudiosos que levantaram a questão sobre o entendimento que devemos ter sobre *satisfação do cliente*. Kotler (1998, p. 53) definiu a expressão como um "sentimento de prazer ou de desapontamento resultante da comparação do desempenho esperado pelo produto ou serviço em relação às expectativas da pessoa". Diante disso, o autor ressalta a importância de se preocupar com o encantamento do cliente diante do serviço ofertado, isto é, oferecer-lhe um pouco a mais do que ele espera pode ser a chave para essa missão.

A dedicação que uma organização deve imprimir na busca pela satisfação dos clientes se justifica por um fato muito simples. Eles são o ponto central de qualquer organização, e na indústria de serviços isso fica ainda mais evidente, uma vez que o contato direto com o cliente é constante. Embora essa informação não seja inédita, você sabia que as organizações têm dois tipos de clientes, os internos e os externos, e que ambos devem ser satisfeitos com o mesmo afinco, sob pena de prejudicar imensamente a organização?

E nem sempre as prestadoras de serviços prestam a devida atenção a ambos.

Os **clientes internos** são os funcionários da organização, ou seja, todos aqueles que fazem parte do dia a dia dentro do ambiente de trabalho e que utilizam resultados de processos criados por outros colaboradores.

Por sua vez, os **clientes externos** são aqueles que adquirem o serviço final, pagando por ele. Eles mantêm a empresa financeiramente adquirindo os serviços ofertados pela prestadora.

Apesar de ser compreensível um eventual acréscimo, por parte da empresa, na dedicação em atender o cliente externo, com base no fato de ele ser o "provedor" financeiro da organização ao adquirir os serviços, saiba que a falta de zelo com a satisfação do cliente interno pode tornar inútil qualquer esforço com relação ao cliente externo.

As condições que as empresas oferecem aos clientes internos se refletem diretamente na qualidade percebida pelos externos. Os colaboradores jamais conseguirão oferecer aos clientes uma solução adequada caso não lhes sejam conferidos os insumos para isso. Trata-se de uma relação básica, mas, por incrível que pareça, ela é ainda negligenciada por um número significativo de empresas. Como um colaborador poderá prestar um serviço de qualidade e atender com eficácia às necessidades do cliente se as entradas de seu processo de trabalho não têm a qualidade necessária?

Além disso, há outro aspecto importante e ainda mais sensível: as diferentes percepções dos clientes sobre determinado serviço. Nem todos têm o mesmo entendimento sobre o que está sendo entregue. Tudo depende da expectativa inicial e, quanto mais baixa for tal expectativa de um cliente diante do serviço adquirido, maior será a chance de ele se satisfazer. Com relação às mais altas expectativas, o raciocínio é inverso.

Esse ponto pode nos levar a um erro que não deve ser cometido. O fato de os clientes estarem satisfeitos com os serviços, por mais estranho que possa parecer, não necessariamente significa que tais serviços são bons, mas apenas que a expectativa deles era muito baixa. Isso pode criar uma ilusão de estar prestando bons serviços e gerar uma perigosa zona de conforto.

Nesse momento, você pode estar se perguntando: Mas se o cliente está satisfeito com o serviço entregue, qual é o problema? Afinal, não é isso que importa?

A resposta é simples: não! Provavelmente, os clientes (que se contentam com pouco) só estão procurando por determinada empresa por motivos não muito **sustentáveis**, por exemplo: ser a única prestadora de algum tipo de serviço; ser o mais barato e, por isso, a única opção; ser o único prestador na região em que o cliente mora.

Repare que todos os motivos citados podem ser muito facilmente anulados de uma hora para outra. A qualquer momento, outra empresa pode aparecer na região, oferecendo mais barato o mesmo serviço que você já fazia e, principalmente, fazendo ainda melhor. A partir do momento em que os clientes não procuram sua empresa pela qualidade, e sim pelos motivos elencados, você passa a correr grande perigo de perdê-los repentinamente – esses são os argumentos por conta dos quais utilizamos a palavra *sustentável* no parágrafo anterior.

Agora, pensemos pelo outro lado da moeda. Imagine que seus clientes não o procuram por ser o único, nem o mais barato, nem ser mais próximo da casa deles, e sim porque você é o melhor. Perceba que, nesse cenário, dificilmente algum concorrente conseguirá "roubar" seus clientes de modo fácil. Ele terá de trabalhar muito duro para conseguir operar no "seu mercado". Em suma, faça seus clientes buscarem por sua empresa em razão de sua qualidade, e não por outros motivos menos sustentáveis.

Anteriormente, comentamos que os clientes têm percepções individuais diferentes sobre a própria satisfação em relação aos serviços que adquirem. Mas quais são os elementos que formam essa percepção?

No subcapítulo a seguir, vamos identificar alguns elementos que, ao se relacionarem, moldam a percepção dos clientes sobre a qualidade dos serviços.

2.2 Elementos da qualidade de um serviço

A qualidade de um serviço é percebida pelos consumidores de modo diferente (e, em nossa opinião, mais complexa) em relação à percepção sobre a qualidade de um produto, por exemplo. Essa distinção de percepção se deve a alguns aspectos:

- **Intangibilidade**: o fato de não ser tangível, como um produto, torna o serviço mais difícil de ser avaliado, e tal avaliação é mais subjetiva por parte do consumidor.
- **Armazenamento**: não há como deixar um serviço pronto e "guardado" à espera do consumidor. Cada prestação de serviço, por mais que os processos sejam padronizados, refere-se a um serviço distinto e, por isso, passível de situações inéditas e, por vezes, inesperada, capazes de alterar a percepção de qualidade por parte do consumidor.
- **Inspeção**: produtos são mais facilmente inspecionados, justamente pelo fato de serem tangíveis. A tangibilidade permite que mesmo pessoas com conhecimento limitado sobre determinado produto possam avaliar se este é bom ou ruim. Já quanto aos serviços, essa tarefa se torna mais difícil. A intangibilidade desafia o consumidor a inspecionar o serviço enquanto este se desenrola, o que exige um conhecimento prévio um pouco mais avançado para uma correta inspeção.
- **Ciclo de vida**: o fato de os serviços não terem tempo médio de vida também acaba dificultando a avaliação da qualidade por parte dos consumidores. Ter um ciclo de vida determinado possibilita uma avaliação rápida sobre a durabilidade dos produtos, permitindo aos consumidores visualizar o tempo de médio em que determinado produto ainda vai conservar as características originais. Nos serviços, isso não ocorre.
- **Relacionamento entre pessoas**: essa característica provavelmente é a mais facilmente visualizada. Nos serviços, há

interação e envolvimento entre as pessoas, o que indiscutivelmente traz diversas vantagens. Entretanto, essa relação pessoal também pode macular eventuais problemas na prestação de determinado serviço e, até, alterar consideravelmente a capacidade de os consumidores perceberem a qualidade de tal serviço. Quem nunca foi atendido por um profissional simpático, de conversa agradável e, em virtude disso, deixou passarem despercebidas eventuais inadequações em relação ao serviço prestado? Esse fenômeno explica os motivos pelos quais o relacionamento entre pessoas – situação quase exclusiva dos serviços – também pode dificultar a avaliação da qualidade geral do serviço prestado.

❖ **Subjetividade**: na avaliação sobre a qualidade, a subjetividade está presente tanto nos produtos quanto nos serviços, mas nestes ela é mais evidente. Ela se deve, principalmente, pelas diferentes expectativas iniciais que os consumidores têm sobre determinado serviço. Um mesmo serviço pode ser realizado para diversos clientes distintos, da mesma forma, pelo mesmo profissional e nas mesmas condições e, ainda assim, gerar percepções completamente distintas.

Depois de apresentarmos as variáveis que podem impactar as diferentes percepções de qualidade diante de produtos ou serviços, vamos conhecer quatro itens básicos e de suma importância para formar a percepção de qualidade dos serviços por parte dos consumidores: confiabilidade, cortesia, comunicação e credibilidade.

1. **Confiabilidade**: a palavra *confiabilidade* tem a mesma origem de *confiança*, o que, por si só, já nos diz muita coisa. Prestar um serviço confiável ao cliente se refere ao cumprimento do que foi acordado: preços, prazos, qualidade, atendimento e quaisquer outros aspectos envolvidos na relação prestador-cliente.
2. **Cortesia**: apesar de parecer algo simples, não são raras as prestadoras de serviço que pecam nesse quesito. Investir em um tratamento cortês pode fazer seu cliente avaliar seus serviços com "outros olhos" e torná-lo, inclusive, mais

receptivo com relação a eventuais falhas que possam ocorrer na prestação do serviço.
3. **Comunicação:** se o item anterior parecia simples, este, por sua vez, é bastante desafiador. A comunicação é considerada quase uma arte por muitos estudiosos, tamanha a dificuldade de ser estabelecida de modo eficiente. Para tal, utilize uma linguagem clara, direta, acessível e adequada a cada tipo de público que seu serviço atraia. Certifique-se de que a informação que sai de você é a mesma que chega ao seu interlocutor.
4. **Credibilidade:** aumente o nível de confiança dos clientes em relação ao serviço prestado. Ter um histórico idôneo, prestar serviços com qualidade, buscar soluções para quaisquer problemas que surjam ou saber lidar com processos não usuais são algumas formas de aumentar a credibilidade aos olhos da comunidade.

Com base nessas quatro premissas básicas, Corrêa e Gianesi (1994) desenvolveram nove variáveis, consideradas pelos autores como aspectos da qualidade de serviços avaliados pelos clientes.

1. **Consistência:** refere-se à ausência de variabilidade no resultado do processo. Os consumidores devem perceber que há uma consistência na prestação do serviço. A partir de experiências anteriores (que, espera-se, tenham sido positivas), os consumidores criam uma expectativa ao utilizarem o mesmo serviço novamente, e quaisquer alterações com relação à experiência anterior podem causar descontentamento. Apesar de os serviços terem maior maleabilidade quanto à consistência relacionada a produtos, por exemplo, esse item não deixa de ser importante e, portanto, motivo de dedicação por parte dos prestadores de serviços.
2. **Competência:** a habilidade e o conhecimento técnico da organização e do profissional que prestará o serviço devem estar alinhados às necessidades técnicas e à expectativa dos consumidores. Em suma, vale a máxima: se prometeu, entregue! Não há sensação pior ao consumidor do que

perceber que o prestador do serviço é incapaz de atender às suas necessidades, principalmente se a empresa em questão "vendeu" uma capacidade técnica maior do que, de fato, entregou.

3. **Velocidade de atendimento**: a velocidade do atendimento não se relaciona, necessariamente, com a rapidez com que as coisas são feitas, mas sim com a prontidão da prestadora em atender com qualidade o cliente. Portanto, tem a ver com o tempo de espera real e o percebido. Lembre-se de que a prestação de serviços está diretamente vinculada à solução de problemas identificados pelo consumidor. Portanto, a presteza na resolução é fundamental para a percepção de qualidade.
4. **Atendimento/atmosfera**: diz respeito ao ambiente em que o serviço é prestado. Envolve a qualidade da comunicação com o cliente, a cortesia, a atenção personalizada e quaisquer outros aspectos que ajudem a criar uma atmosfera agradável ao cliente. Por vezes, esse ambiente positivo é até capaz de minimizar eventuais falhas que possam acontecer durante o processo.
5. **Flexibilidade**: embora pareça contraditório em relação ao primeiro item dessa lista (consistência), ainda é possível flexibilizar a operação para atender a alguma necessidade específica e, assim, manter a consistência do processo. A flexibilidade consiste na mudança e adaptação da operação, o que pode ocorrer em virtude de mudanças nas necessidades do cliente, no processo ou no suprimento de recursos.
6. **Credibilidade/segurança**: relaciona-se à baixa percepção de risco por parte do cliente. Quanto menor for a impressão de que algo pode sair errado, maior será a qualidade percebida. Logo, a credibilidade consiste na habilidade do prestador em passar confiança, e esta pode ser transmitida de inúmeras formas distintas: histórico de sucesso, habilidade técnica, comunicação adequada, indicações de confiança, entre outras.

7. **Acesso:** vincula-se à facilidade com que a organização prestadora do serviço pode ser acessada pelos clientes. Não se restringe a acesso físico (localização). Pelo contrário, diz respeito à facilidade com que os clientes conseguem contatar a organização. Sob essa ótica, envolve um correto ajuste de horários, meios de comunicação bem definidos e profissionais competentes.
8. **Tangibilidade:** mais uma aparente contradição. No início desta obra, fizemos questão de diferenciar produtos de serviços (produtos tangíveis; serviços intangíveis). Mas, e agora? Perceba que mesmo sendo intangíveis, os serviços revelam diversas evidências tangíveis que podem denotar qualidade (ou falta de) aos olhos dos clientes. Equipamentos, instalações, pessoal ou quaisquer outros bens facilitadores são evidências tangíveis que podem alterar a percepção da qualidade envolvida.
9. **Custo:** sobre esse aspecto, apresentaremos um adendo afirmado por Correa e Gianesi (1994). Os autores salientaram a importância de se oferecer serviços de baixo custo aos consumidores, aumentando, assim, a percepção da qualidade sobre os serviços. Todavia, serviços de baixo custo podem causar o efeito inverso e serem pré-julgados pelos consumidores como sendo de baixa qualidade. Na sociedade, já existe uma tendência que evidencia cada vez mais a predisposição das pessoas em pagar mais por serviços de qualidade e, principalmente, mais inovadores e sustentáveis. Diante disso, considere o "baixo custo" como "custo justo" aos olhos do cliente. Evidentemente, o custo continua sendo um fator importante na tomada de decisão das pessoas, mas não um fator inerente à qualidade.

Tudo isso que foi apresentado é corroborado por um dos maiores estudiosos da área – considerado o pai da administração moderna por muitos: Philip Kotler (1998), para quem o nível de qualidade que se deseja alcançar em determinado produto ou serviço deve estar alinhado com o público que se almeja atender. A qualidade significa que o produto ou serviço deve ser capaz de mostrar um alto desempenho, atendendo às necessidades e expectativas dos consumidores.

Kotler (1998) também indica alguns critérios que devem ser observados quando se pensa em qualidade, os quais são muito semelhantes aos apresentados pelos autores anteriormente citados: durabilidade, confiabilidade, precisão, facilidade de operação e reparos, entre outros. Acima de tudo, a qualidade precisa ser analisada sob a ótica do cliente, pois somente assim é possível medir a qualidade de um produto ou serviço. Basicamente, o raciocínio deve ser este: invista seus recursos e esforços em atender ao que o cliente quer e não gaste essa energia tentando convencê-lo a adquirir algo de que ele não precisa.

Portanto, vale ressaltar que a qualidade vai muito além de reduzir defeitos de produtos ou problemas de serviços. Ela está relacionada à satisfação dos desejos, das necessidades e das expectativas dos consumidores.

Os itens recém-apresentados deixam claro o grau de complexidade envolvido na construção da percepção dos clientes em relação à qualidade dos serviços restados. Diante dessa complexidade, fica evidente a necessidade de promover grandes esforços estratégicos por parte das organizações para gerenciar tudo isso e garantir que os consumidores atinjam o mínimo da qualidade esperada. Uma estratégia bem interessante e muito eficaz para tal missão é gerir o grau de envolvimento dos clientes com o serviço prestado.

Agora, talvez você esteja questionando: *O que significa grau de envolvimento? Eu acho que, quanto mais o cliente participar do serviço, maiores serão as chances de a empresa prestadora entendê-lo e conseguir atingir os desejos e, consequentemente, as expectativas dele sobre a qualidade.*

Se, por acaso, você pensa assim, não deixa de estar certo sobre vários pontos de vista. Clientes mais envolvidos dão ideias inovadoras, sugestões de melhorias, *feedbacks* instantâneos que proporcionam correções de rota e diversos outros aspectos indiscutivelmente positivos. Todavia, não é tão simples como parece. Envolver os clientes em seus serviços pode tornar-se um desafio acima da capacidade de diversas organizações mundo afora. Caso empresas incompetentes "entrem nessa onda" sem o devido planejamento, o tiro pode sair pela culatra.

A seguir, apresentaremos diversos desafios relacionados ao envolvimento dos clientes nos serviços.

2.3 PARTICIPAÇÃO DOS CLIENTES NOS SERVIÇOS

Os autores Bordoloi, Fitzsimmons e Fitzsimmons (2019) apresentaram a mais atual discussão sobre a participação dos clientes nos processos dos serviços, levantando reflexões importantes sobre o tema e os principais desafios envolvidos. A seguir, abordaremos alguns dos aspectos levantados pelos autores, acrescentando alguns comentários.

O primeiro elemento a ser levado em consideração reside no fato de que os serviços, diferentemente das indústrias manufatureiras tradicionais, requerem atenção aos projetos de instalação dos locais em que são prestados. Por exemplo, para Bordoloi, Fitzsimmons e Fitzsimmons (2019), o fato de os automóveis serem feitos em uma fábrica quente e barulhenta não é motivo de preocupação para os compradores finais, porque eles só terão o primeiro contato com o produto no agradável ambiente de um *showroom* de uma concessionária. A presença do cliente no local requer atenção da organização ao ambiente físico, o que não é necessário para uma fábrica (manufatura). Vale salientar que a minimização da importância da qualidade do ambiente fabril refere-se unicamente à percepção de qualidade por parte do cliente externo. Evidentemente, ter um ambiente agradável e saudável para o trabalhador é fundamental, até mesmo para a qualidade do produto fabricado.

Para o cliente, o serviço é uma experiência que ocorre durante a prestação do serviço, e a qualidade deste será aprimorada se a prestação do serviço estiver alinhada com a perspectiva esperada e a expectativa inicial do cliente. É fundamental que a organização tenha atenção à decoração do ambiente, bem como a mobiliário, *layout*, nível de ruído, entre outros aspectos. Até mesmo cores das paredes e dos objetos podem influenciar a percepção do cliente sobre o serviço e estimulá-lo de várias formas. Por exemplo, serviços vinculados à alimentação, normalmente, utilizam tons de cores quentes (amarelo, laranja ou vermelho), que, segundo especialistas, estimulam a fome, ou, ainda, tons de marrom ou bege para ambientes mais sóbrios e aconchegantes, estimulando a sensação de bem-estar.

Bordoloi, Fitzsimmons e Fitzsimmons (2019) salientam que alguns serviços também contam com *back office*, espaços necessários para os processos dos serviços, mas não acessíveis aos clientes. Como exemplos, podemos citar a área de manuseio de bagagens de um aeroporto ou o local de trabalho de profissionais que fazem manutenção de aparelhos eletrônicos. O motivo para essas áreas não serem acessíveis é muito simples: tais ambientes não são muito diferentes da realidade de uma fábrica de manufatura.

No entanto, alguns serviços, movidos pela inovação (abordaremos esse assunto em seguida) perceberam que abrir o *back office* ao escrutínio público dos clientes aumentava a confiança deles em relação ao serviço (por exemplo, alguns restaurantes permitem – e até estimulam – que seus clientes visitem a cozinha, ou, ainda, algumas oficinas em concessionárias de automóveis podem ser observadas através das janelas na área de espera) (Bordoloi; Fitzsimmons; Fitzsimmons, 2019).

É exatamente quanto a esse aspecto que entra o desafio salientado no início desta seção. Por mais que a organização seja bem intencionada em fazer os clientes se envolverem com os processos de *back office* – o que pode, inclusive, trazer resultados muito interessantes –, a empresa precisa ter um cuidado ainda maior com esses ambientes em relação aos aplicados nos locais comumente frequentados pelas pessoas. Por exemplo, se você tiver curiosidade (e permissão) de conhecer a cozinha de seu restaurante favorito, é quase instintiva a ação de olhar aquele ambiente com um nível de atenção aos detalhes que você nunca teve no salão enquanto comia. Em suma, abrir o *back office* aos clientes pode alavancar enormemente os níveis de confiança, mas, em contrapartida, pode acabar com a relação empresa-cliente que antes se mostrava duradoura – caso a experiência não seja das melhores.

De qualquer forma, devemos pensar no lado bom da interação do cliente com os processos do serviço. Bordoloi, Fitzsimmons e Fitzsimmons (2019) afirmam que uma consideração importante na prestação de um serviço está na compreensão de que o cliente pode ter um papel ativo no processo, e não apenas como espectador. Alguns exemplos nos mostrarão como o conhecimento, a experiência, a motivação e até a honestidade do cliente podem afetar diretamente o desempenho (resultado) dos serviços:

- A popularidade dos supermercados se baseia na ideia de que os clientes estão dispostos a assumir um papel ativo no processo de compra no varejo. Perceba que apenas em casos de rara exceção (públicos especiais) alguém atende um cliente em um supermercado. Todo o processo de compra é feito única e exclusivamente pelo cliente: comparação de preços, análise de produtos, especificações e, por fim, a decisão de compra.
- A precisão com que um paciente relata seus problemas de saúde (sintomas) pode influenciar muito a eficácia do médico. Nesse caso, a competência dele para tratar uma doença está diretamente vinculada à capacidade de o paciente (cliente) relatar seus sintomas de modo eficiente. Evidentemente, um profissional de saúde não se baseia apenas em para prestar seu serviço e diagnosticar corretamente determinada doença, mas podemos seguramente afirmar que uma parcela significativa da percepção de qualidade do cliente diante do serviço depende da capacidade do próprio cliente.
- A educação de um aluno é determinada, em grande parte, pelo seu próprio esforço e iniciativa. Talvez esse seja o exemplo mais clássico para ilustrar a presença do cliente como ator principal do processo do serviço. Pense no aluno como cliente e no professor como prestador do serviço. Teoricamente, há aí uma relação simples em que o cliente

(aluno) paga ao prestador do serviço (professor) para ensiná-lo sobre determinado assunto. No entanto, repare que tal relação não se estabelece de maneira tão simples. Você já deve saber que, por mais que o professor seja competente e esforçado, é praticamente impossível ensinar algo sem que o aluno (cliente) se mostre desejoso de aprender e se esforçar tanto (ou até mais) do que o próprio docente. Em suma, a percepção de qualidade e de sucesso do cliente quanto ao serviço depende, em igual grau, do esforço de ambos os atores envolvidos no processo.

São várias as vantagens que os prestadores podem tirar da participação dos clientes no processo do serviço. Bordoloi, Fitzsimmons e Fitzsimmons (2019) ilustram o fenômeno do valor da participação dos clientes com o exemplo dos restaurantes *fast-food*. O cliente, por vezes, não só faz o pedido diretamente em um menu eletrônico, mas também busca a comida no balcão e ele mesmo faz a limpeza de sua mesa após a refeição.

Com relação a esse aspecto, vale uma reflexão. Se a prestadora do serviço está, de certa forma, colocando o cliente para trabalhar, qual é a vantagem disso? Muitas pessoas demonstram sentir-se bem quando são agraciadas com algumas dessas "mordomias" quando saem com a família a um restaurante. Mas, então, por que os clientes se submetem a isso? A resposta é muito simples.

Naturalmente, o cliente sempre espera uma contrapartida. Um serviço mais rápido e refeições mais baratas para compensar o seu "trabalho" pode ser uma excelente moeda de troca para o consumidor. Todavia, o prestador do serviço se beneficia de muitas maneiras – por vezes, despercebidas pelos olhos menos atentos.

Primeiro, economiza-se em pessoal, afinal, não são necessários garçons ou mesmo um grande número de profissionais responsáveis pela limpeza. Com isso, exige-se menos supervisão. Em suma, reduz-se substancialmente o custo com pessoal, como salários, encargos ou benefícios adicionais.

Em segundo lugar, vem o aspecto mais importante e, talvez, o mais representativo sob o ponto de vista estratégico da participação dos clientes no processo do serviço. Perceba, no exemplo do *fast-food*, que o cliente acabou fornecendo sua mão de obra exatamente no momento em que ele precisava (não poderia ser diferente). Esse aspecto inevitável é que pode ser considerado o "pulo do gato". Como é o cliente que acaba resolvendo o próprio problema, a capacidade do serviço varia de acordo com a demanda. Não há mais a preocupação, por parte da organização, de realizar o desafio de ajustar sua mão de obra conforme a demanda esperada (e nem sempre consumada). O cliente atua como um funcionário temporário que chega apenas quando necessário para realizar funções e aumentar a força de trabalho da equipe de atendimento. A economia com relação aos custos do serviço reduz significativamente. Portanto, mesmo que a prestadora deixe o serviço mais barato – pois essa é a contrapartida esperada pelo cliente –, ainda assim tende a aumentar seu lucro líquido.

Parece o cenário perfeito, não? Pois saiba que essa participação efetiva do cliente no processo do serviço pode ser muito eficaz em alguns setores e menos em outros. Em uma empresa de *fast-food*, como no exemplo, o cenário é positivo, mas nem sempre isso funciona de modo tão certeiro.

Alguns setores têm investido justamente no caminho contrário. Os motivos para isso são diversos e passam por inúmeras razões, como o avanço tecnológico, por exemplo. Na esfera bancária, tirar o cliente do processo está se tornando uma prática comum. Perceba que, em um banco de varejo, cada vez mais somos incentivados a realizar transações *on-line*, pelo *site* ou por aplicativos, na maioria dos casos. Esse fenômeno ocorre mais como adequação ao avanço da internet e dos meios eletrônicos do que por uma estratégia da organização propriamente dita.

Para resumir, a participação dos clientes no processo do serviço é um fenômeno complexo que deve ser analisado com muito carinho ao ser adotado como estratégia. O setor, o porte, a região geográfica, o perfil de público, entre outros diversos elementos, são critérios que podem diferenciar os efeitos das ações implantadas. O que serve para um pode não ser útil para outro. Contudo, se a tal estratégia for executava e bem realizada, os frutos surgirão e poderão levar as organizações prestadoras de serviço a outro patamar na economia.

2.3.1 Estudo de caso: Rolls-Royce

O setor de serviços tem tomado uma proporção tão grande e representativa na economia de vários países que muitas indústrias reconhecidamente manufatureiras estão incorporando os serviços no seu *modus operandi*. O caso a seguir relata a história da centenária Rolls-Royce, gigante da indústria automotiva inglesa que, por meio da inovação, está estrategicamente aderindo a uma nova rotina de serviços, os quais estão sendo oferecidos aos abastados clientes de uma forma extremamente interessante.

Caso – A Rolls-Royce vende potência por hora

Linton e Connely (2009) relataram um caso muito interessante sobre inovações em serviços por parte de uma indústria. Com base em uma matéria publicada originalmente no jornal *The Economist*, os autores apresentaram o caso da Rolls Royce, gigante indústria automobilística britânica. O que muitos ainda não sabem é que a Rolls Royce é uma das maiores empresas fabricantes de motores de avião no mundo. Uma parcela considerável de motores de aviões que, neste momento, estão voando pelo mundo é sustentada por muitos cavalos de potência dos motores Rolls-Royce. Assim, a Rolls-Royce prosperou ao buscar incansavelmente a inovação técnica e a fabricação de motores de avião de classe mundial.

A Rolls-Royce foi fundada em 1906 no Reino Unido e, *a priori*, fabricava e vendia carros. Alguns anos depois, a empresa passou a fabricar motores para o setor de aviação. Rapidamente, e graças ao seu esforço notório, ao final da década de 1940, já havia se tornado uma das principais organizações do setor de motores para a aviação na Europa. Contudo, globalmente, ainda era considerada pequena e, para crescer ainda mais, a empresa percebeu que precisava ter uma presença significativa no mercado de motores aeroviários dos Estados Unidos (Linton e Connely, 2009).

Um ingrediente crucial para seu sucesso foi migrar da fabricação para a venda de "potência por hora", uma oferta complexa de serviços e manufatura que mantém ávidos os motores de seus clientes.

Em vez de vender motores e, mais tarde, peças e serviços, a empresa criou um serviço que cobra por hora o uso do motor. Seu site anuncia que essa solução assegura "paz de espírito" enquanto durar o motor. A Rolls-Royce promete fazer a manutenção do motor e substituí-lo em caso de quebra. A sala de operações em Derby (Inglaterra) monitora continuamente o desempenho de milhares de motores, permitindo à empresa prever quando pode ocorrer uma falha nos motores e, dessa forma, possibilitando às companhias aéreas agendar trocas de motor com eficiência e redução de reparos e passageiros insatisfeitos (Linton e Connely, 2009).

Especialistas do setor estimam que os fabricantes de motores a jato possam faturar muito mais com a prestação de serviços e a venda de peças sobressalentes do que com a venda dos motores. Essas gordas receitas atraíram uma multidão de empresas de serviços independentes, que podem oferecer peças avulsas por um terço do preço cobrado pelos fabricantes originais. É por isso que a Rolls-Royce integrou sua tecnologia ao serviço, dificultando aos concorrentes roubar seus clientes (Linton e Connely, 2009).

Tão importante quanto conhecermos as definições de serviços é sabermos o que é qualidade, afinal, a relação entre ambos é o cerne desta obra. Os termos estão intimamente relacionados, o que nos antecipa a necessidade de estudar tais assuntos em conjunto.

Como comentamos até aqui, os serviços estão tomando um espaço nunca antes visto na economia de quase todas as sociedades organizadas pelo mundo. Diante desse cenário altamente competitivo para diversos setores da prestação de serviços, a qualidade se coloca como o mais básico fator de sobrevivência. Atualmente, ela pode facilmente ser analisada como um fator necessário para a existência das empresas, e não mais como um fator diferenciador, tamanha sua importância. Ou a organização tem qualidade ou ela deixa de existir.

Por isso, nas próximas páginas, discutiremos algumas definições de *qualidade*, que, assim como o termo *serviços*, também é multifacetado e com diversas formas de entendimento.

2.4 Definição de Qualidade

O termo *qualidade* tem inúmeros conceitos e definições na literatura. Esse fato ressalta a importância do tema para a ciência, o qual é profundamente estudado por pesquisadores do mundo todo há décadas. Assim, temos a tarefa desafiadora de conceituá-lo.

Afinal, o que é qualidade? Se aleatoriamente perguntássemos isso a pessoas desconhecidas, praticamente todas teriam uma resposta alinhada a algo bom, que atende às necessidades, que se destaca etc. Apesar de estarem corretas, essas respostas ainda estão longe de abranger todo o constructo.

O que se sabe ao certo é que a qualidade está presente em diversas vertentes de nossa vida. Onde há atividade humana, há qualidade. Seja no trabalho, em casa, na produção de bens ou na prestação de serviços, a qualidade se tornou imprescindível.

Por mais estranho que pareça, a qualidade nem sempre foi motivo de preocupação para algumas empresas prestadoras de serviço. Até a década de 1980, era muito comum que as organizações competissem por preço no mercado. Evidentemente, a qualidade tinha seu papel, mas ainda era coadjuvante quando o assunto era comparação com a concorrência. Em suma, quem oferecia produtos e serviços mais baratos, vendia mais.

No entanto, desde o início da abertura do mercado brasileiro à competição estrangeira, a partir da década de 1990, o setor de serviços passou por algumas transformações na estratégia mercadológica. Os gestores compreenderam que a "guerra" pelo melhor preço já não bastava para manter suas empresas competitivas. Era preciso algo mais. Nesse momento, percebeu-se também uma mudança de comportamento nos hábitos de consumo da sociedade. Cada vez mais as pessoas passaram a aceitar pagar um pouco a mais por algo que tivesse a imagem de ser melhor, com mais qualidade. Logicamente, o aumento da importância da qualidade não fez outros fatores, como o preço, perderem a importância. Afinal de contas, todos nós gostamos de pagar barato por algo bom.

E isso vem acontecendo de acordo com o aumento da concorrência cada vez mais globalizada, o que exige das empresas, simultaneamente, aprimoramento da produtividade, redução de custos, padronização da qualidade dos serviços e, ainda, preços atrativos. Entretanto, esse mercado altamente competitivo coloca a qualidade não mais como um fator diferenciador, mas sim como uma questão de sobrevivência. O que antes inseria a empresa como destaque, atualmente já é uma obrigação.

O motivo para isso é muito simples: consumidores tendem a adquirir mais serviços que não apresentem níveis mínimos de qualidade esperada, por mais barato que seja. Certamente, ainda existem pessoas que buscam o mais barato e não dão a devida atenção à qualidade, seja por limitações financeiras, seja em razão de acessibilidade ao serviço ofertado. De qualquer forma, esse perfil de público não é mais suficiente para sustentar a organização por muito tempo, muito menos para fazê-la se desenvolver e crescer.

Uma das definições mais conhecidas de qualidade é de W. Edwards Deming, professor estadunidense reconhecido mundialmente pelo trabalho desenvolvido no Japão a partir da década de 1950. Deming ensinou altos executivos japoneses a melhorar seus produtos investindo em alta qualidade. Para ele, a *qualidade* pode ser conceituada como "fazer o que é correto e da forma correta" (Deming, 1990, p. 38). A definição simples, porém brilhante, de Deming significa muita coisa: prestar um serviço seguro, de modo correto, dentro dos recursos disponíveis e, principalmente, que atenda às necessidades e às expectativas dos clientes.

Apesar de mundialmente conhecida, essa definição não é a única a permear os estudos científicos sobre o tema nas últimas décadas. Várias outras são propostas. A esse respeito, Garvin (1984) separou o entendimento da qualidade em cinco abordagens distintas:

1. **Abordagem transcendental**: a qualidade é vista como um sinônimo de excelência inata. É definida como o melhor possível a ser feito com relação à especificação do produto ou serviço.

2. **Abordagem baseada na manufatura:** é um complemento da anterior. Preza por fazer produtos ou prestar serviços que correspondem precisamente às especificações do projeto definido anteriormente, ausente de erros, de inconformidades ou de falhas. A qualidade do serviço está relacionada ao cumprimento pleno das especificações do que foi projetado.
3. **Abordagem baseada no usuário:** tem como base a expectativa e a necessidade do usuário. Deve assegurar que o produto ou o serviço está adequado ao que o cliente espera e necessita.
4. **Abordagem baseada em produto/serviço:** a qualidade é entendida como um conjunto mensurável de características, atribuições e funções que são requeridas para satisfazer às necessidades e às expectativas do consumidor.
5. **Abordagem baseada em valor:** a qualidade é estabelecida com base na relação custo *versus* preço. A percepção de qualidade do cliente está diretamente relacionada à de valor do serviço. Assim, serviço barato = sem qualidade; serviço caro = serviço com qualidade.

Perceba que essas cinco abordagens preconizadas por Garvin (1984) apresentam mais do que cinco formas distintas de se analisar a qualidade. Elas podem, entre outras coisas, servir como base para diretrizes estratégicas a nível macro, fornecendo diretrizes para decisões sobre processos do serviço, precificação, tipo de público etc.

Garvin (1984) ainda complementa que a qualidade nem sempre foi analisada da mesma forma. Em um primeiro momento, ela era entendida quase exclusivamente como uma metodologia de inspeção, ou seja, tentava-se atingir a máxima uniformidade possível dos produtos e serviços. Posteriormente, alguns instrumentos e técnicas estatísticas foram inseridos nos processos de qualidade. O objetivo era incluir dados numéricos, avaliações objetivas e análises de dados complexos para conseguir um controle estatístico da qualidade.

A etapa seguinte do movimento da qualidade focou na própria garantia de qualidade, envolvendo todo o processo de fabricação de um produto ou da prestação de um serviço. Para isso, passou-se a considerar as etapas de fornecimento de matéria-prima, distribuição, logística, prestação do serviço ao consumidor, garantia, entre outras. Em suma, o serviço tem métricas e parâmetros predeterminados de qualidade em absolutamente todo o seu processo de prestação, inclusive aquele que não se encontra exclusivamente sob controle da organização que o presta – por exemplo, criar indicadores de qualidade para fornecedores ou terceirizados.

Por fim, por conta da importância que a qualidade estava obtendo nas organizações e nos hábitos de consumo da sociedade, grande parte das empresas passou a englobá-la em seus planejamentos estratégicos. Esse fato teve como consequência, entre outras coisas, maiores investimentos em análise de mercado, estudos para compreender as necessidades do consumidor, inovações voltadas ao aumento da qualidade etc.

Philip Kotler (1998) definiu *qualidade* com uma simplicidade genial ao descrevê-la como um produto ou serviço que atende perfeitamente às necessidades do cliente, de modo confiável, acessível, seguro e no tempo certo. Perceba que, mesmo sendo de fácil compreensão, o conceito de Kotler (1998) está muito distante de ser de simples execução. Afinal, entregar um serviço perfeito, no prazo e atendendo às expectativas do cliente não é nada fácil.

Com relação ao aspecto da percepção do cliente, Kotler (1998) ressaltou alguns pontos importantes. A qualidade deve ser percebida pelas pessoas que a consomem. De nada vale contar com tecnologia e mão de obra qualificada, prazos bem definidos, entre outras coisas, se os clientes não perceberem a qualidade com base na expectativa inicial sobre determinado serviço. Sob essa ótica, a grande dificuldade reside no fato de a qualidade ser uma variável subjetiva. Em outras palavras, o que parece ter qualidade para algumas pessoas pode não ter para outras.

Kotler (1998) ainda salienta outros pontos importantes para compreendermos a qualidade com mais clareza. Para o autor, ela deve representar uma consciência coletiva e se fazer presente em todos os processos internos e externos da empresa, e não apenas em sua atividade-fim. Entenda *consciência coletiva* como o envolvimento de todos os *stakeholders* (atores) da organização, desde colaboradores motivados até parceiros comprometidos e alinhados com os padrões buscados.

Além disso, Kotler (1998) realça outro ponto fundamental para o entendimento da qualidade: a busca constante. Ele destaca que a qualidade pode sempre ser melhorada e que não deve ser entendida como uma situação absoluta ou fixa. Se uma organização concluir que chegou ao ápice da qualidade e parar de buscar melhorias por achar que não tem mais o que evoluir está fadada a estagnar no mercado. As expectativas dos clientes evoluem constantemente, assim como os padrões de qualidade exigidos. Portanto, na prática, é quase impossível uma empresa achar que atingiu o máximo da qualidade possível em determinado serviço. Se a evolução da qualidade é constante, a busca por ela também deve ser. E é justamente nessa busca que está o diferencial das melhores prestadoras de serviços do mundo.

Com base na explanação de Kotler (1998) sobre a importância de a qualidade estar tanto nos processos internos como nos externos, Garvin (1984) categorizou o que ele chamou de *qualidade interna* e *qualidade externa*. Segundo o autor, a qualidade interna consiste na determinação, com a maior precisão possível, das necessidades, dos desejos e das expectativas dos consumidores em relação aos serviços que serão prestados. Com essas informações, a empresa deve converter essas expectativas em especificações do serviço, de modo a potencializar as capacidades de atender ao que os clientes esperam. Para isso, ela deve adequar os processos internos e, por fim, estabelecer um conjunto de parâmetros de qualidade que permita a reprodução desses processos todas as vezes que o serviço for prestado, criando e estabelecendo uma padronização. Lembre-se de que clientes que experimentam um serviço de qualidade uma vez tendem a aumentar ainda mais sua expectativa nas vezes subsequentes. Logo, de nada adianta prestar o serviço com qualidade apenas uma vez.

Já a qualidade externa pode ser definida como a prestação do serviço em si. Significa identificar as características do serviço e os parâmetros estabelecidos internamente no momento da entrega do serviço ao cliente. A esse respeito, Garvin (1984) definiu dez dimensões para compreendermos melhor o conceito de qualidade externa (no momento da prestação do serviço ao cliente). São elas:

1. **Aspectos físicos**: aparência de instalações físicas, pessoal (uniformes, comunicação, prestatividade), disposição dos materiais, *layout* etc.
2. **Confiabilidade**: habilidade para realizar o serviço prometido de modo confiável e alinhado às normas e aos parâmetros estabelecidos.
3. **Capacidade de resposta**: estrutura de processos voltados ao atendimento rápido e eficaz ao cliente, tanto para eventos planejados quanto inesperados.
4. **Profissionalização**: demonstração de conhecimentos e habilidades necessárias, por parte dos colaboradores, para realizar o serviço com perfeição.
5. **Cortesia**: tratamento respeitoso e simpático com os clientes.
6. **Credibilidade**: sensação de confiança e honestidade percebida pelos clientes no que se refere à empresa e a seus profissionais.
7. **Segurança**: ausência de danos, riscos e dúvidas com relação ao serviço prestado.
8. **Acessibilidade**: diz respeito ao quanto a prestação do serviço se coloca à disposição dos clientes, facilitando o contato e disponibilizando diversos meios de comunicação para tal.
9. **Comunicações**: capacidade de comunicação com os clientes de maneira ativa, mantendo-os informados sobre o andamento dos serviços, por meio de uma linguagem acessível e adequada.
10. **Compreensão do usuário**: refere-se a todos os esforços realizados pela organização para conhecer as necessidades, os desejos, os anseios e as expectativas do público-alvo.

O leitor deve ter percebido, com as definições de Garvin (1984) para as qualidades interna e externa, que a complexidade do tema vai muito além do que em um primeiro momento poderíamos imaginar. De acordo com o autor, para uma empresa atuar no setor de serviços, a qualidade deve ser um fator central em seu planejamento estratégico. A visão das organizações sobre esse tema deve ser mais abrangente e voltada tanto para dentro (qualidade interna) quanto para fora (qualidade externa).

A última definição de qualidade em serviços que apresentaremos é a de Bordoloi, Fitzsimmons e Fitzsimmons (2019). Há dois motivos para tal. O primeiro deles diz respeito à contemporaneidade. A obra dos autores, de 2019, talvez seja a mais atual e representativa sobre o assunto. Evidentemente, não estamos desmerecendo os estudiosos que se dedicaram ao tema antes, até pelo fato de que, em maioria, eles serviram como referência para Bordoloi, Fitzsimmons e Fitzsimmons (2019), mas sim enfatizando o esforço desses autores em compilar brilhantemente diversas abordagens sobre o tema. O segundo motivo é que, por conta da contemporaneidade da obra dos autores, ela será muito citada no presente livro como base para diversas discussões que vamos propor. Por isso, vale o esforço de compreender como esses autores abordam a temática.

Bordoloi, Fitzsimmons e Fitzsimmons (2019) entendem a qualidade do serviço como um tema complexo. Essa complexidade é retratada na necessidade que os autores tiveram de utilizar cinco dimensões para melhor defini-la: confiabilidade, capacidade de resposta, garantia, empatia e tangibilidade.

1. **Confiabilidade**: capacidade de executar o serviço prometido de modo confiável e com precisão. É uma expectativa do cliente que o atendimento seja sempre realizado no prazo, da mesma forma e sem erros – por exemplo, considere a expectativa de receber uma pizza em casa. A confiabilidade também se estende ao *back office*, onde se espera manter e cobrar a precisão no registro.
2. **Capacidade de resposta**: vontade de ajudar os clientes e prestar um serviço rápido. Manter os clientes esperando,

especialmente sem motivo aparente, cria percepções negativas desnecessárias de qualidade. Se ocorrer uma falha de serviço, a capacidade de se recuperar rapidamente e com profissionalismo poderá criar visões muito positivas de qualidade. Por exemplo, servir bebidas gratuitas em um voo atrasado pode fazer com que um cliente se lembre positivamente da experiência.
3. **Garantia**: refere-se ao conhecimento e à cortesia dos funcionários, bem como à capacidade de transmitir confiança e segurança. A dimensão de garantia inclui as seguintes características: competência para realizar o serviço, educação e respeito pelo cliente, comunicação eficaz com o cliente e atitude geral de que o servidor tem em mente os melhores interesses do cliente.
4. **Empatia**: prestação de atenção atenciosa e individualizada aos clientes. A empatia inclui os seguintes recursos: acessibilidade, sensibilidade e esforço para entender as necessidades do cliente.
5. **Tangibilidade**: diz respeito à aparência de instalações físicas, equipamentos, pessoal e materiais de comunicação. A condição do ambiente físico (por exemplo, limpeza) é uma evidência tangível do cuidado e da atenção aos detalhes por parte do serviço fornecedor. Essa dimensão de avaliação também pode estender-se à conduta de outros clientes no serviço (por exemplo, um hóspede barulhento no quarto ao lado de um hotel).

Os autores usaram essas dimensões para introduzir o conceito de *gap* de qualidade de serviço, que conheceremos mais adiante nesta obra. Esse *gap* é baseado na diferença entre as expectativas do cliente de um serviço e as percepções do serviço que é entregue. Foi com base nessa teoria dos *gaps* que os autores desenvolveram o Servqual, instrumento de medida da qualidade que apresentaremos na sequência desta obra.

Portanto, a qualidade se refere ao atendimento das expectativas do cliente ou a como o cliente avalia o serviço em si. Nessa perspectiva, de acordo com Bordoloi, Fitzsimmons e Fitzsimmons (2019, p. 148, tradução nossa):

> Para os serviços, a avaliação da qualidade é feita durante o processo de entrega do serviço. Cada contato com o cliente é referido como um momento da verdade, uma oportunidade de satisfazer ou insatisfazer o cliente. A satisfação do cliente com um serviço pode ser definida comparando-se as percepções do serviço recebido com as expectativas do serviço desejado. Quando as expectativas são superadas, o serviço é percebido como de qualidade excepcional – e também como uma surpresa agradável. Quando as expectativas não são atendidas, no entanto, a qualidade do serviço é considerada inaceitável.

Todavia, os autores salientam que, mesmo com todos os cuidados quanto ao planejamento dos serviços, falhas podem acontecer e nem por isso a qualidade do serviço está fadada a ser ruim. Para isso, a organização pode oferecer uma garantia de serviço incondicional. Como o cliente está presente durante a entrega do serviço, se as estratégias de recuperação forem bem planejadas e executadas, as falhas poderão ser evitadas ou rapidamente corrigidas, mantendo a boa percepção dos clientes em relação à qualidade.

Para entendermos completamente como Bordoloi, Fitzsimmons e Fitzsimmons, (2019) entendem a qualidade de serviços, faz-se necessário compreender mais alguns aspectos. Para os autores, cada contato com o cliente é referido como uma oportunidade única de ganhar ou perder esse cliente por muito tempo (ou mesmo, para sempre). Tudo depende, como os atores explicam, de atender às expectativas do consumidor, as quais são baseadas em várias fontes, incluindo boca a boca, necessidades pessoais e experiências anteriores.

Síntese

Neste capítulo, apresentamos diversos pontos interessantes sobre serviços e iniciamos nossa abordagem sobre qualidade. Aprendemos a identificar algumas características gerais dos serviços. Além disso, conhecemos elementos da qualidade de um serviço, ou seja, o que faz com que um serviço seja percebido como de excelência pelos consumidores.

Também, avaliamos outro ponto importante, que é a possibilidade do envolvimento dos clientes no desenvolvimento e na prestação dos serviços. Trata-se de um aspecto estratégico e de muita relevância para organizações que almejam a competitividade. Por fim, analisamos algumas conceituações de qualidade trazidas por diversos autores.

Questões para revisão

1. Leia a definição a seguir:

   São todos aqueles que fazem parte do dia a dia dentro do ambiente de trabalho e que utilizam resultados de processos criados por outros colaboradores.

   A que alternativa essa definição se aplica?

   a) Clientes externos.
   b) Consumidores.
   c) Fornecedores.
   d) Parceiros.
   e) Clientes internos.

2. Leia a definição a seguir:

   São aqueles que adquirem o serviço final, pagando por ele, bem como que mantêm a empresa financeiramente adquirindo os serviços ofertados pela prestadora.

   A que alternativa essa definição se aplica?

   a) Clientes externos.
   b) Consumidores.
   c) Fornecedores.
   d) Parceiros.
   e) Concorrentes.

3. Das opções a seguir, assinale aquela que não indica um aspecto inerente às características de um serviço:
   a) Intangibilidade.
   b) Promoção.
   c) Inspeção.
   d) Armazenamento.
   e) Relacionamento entre pessoas.

4. Um dos itens mais significativos na formação da percepção da qualidade é a confiabilidade do serviço. Explique o que significa esse conceito.

5. Considerado o pai da administração moderna, Philip Kotler (1998) afirma que o nível de qualidade que se deseja alcançar em determinado serviço deve estar alinhado com o público que se almeja atender. Explique por que essa afirmação de Kotler é tão importante para a gestão de empresas de serviços.

Questão para reflexão

1. Os clientes podem ser fundamentais para o desenvolvimento de um novo serviço. Assim, coloque-se como gestor de uma empresa e reflita sobre como você agiria para aumentar a participação de seus clientes no desenvolvimento de novos serviços.

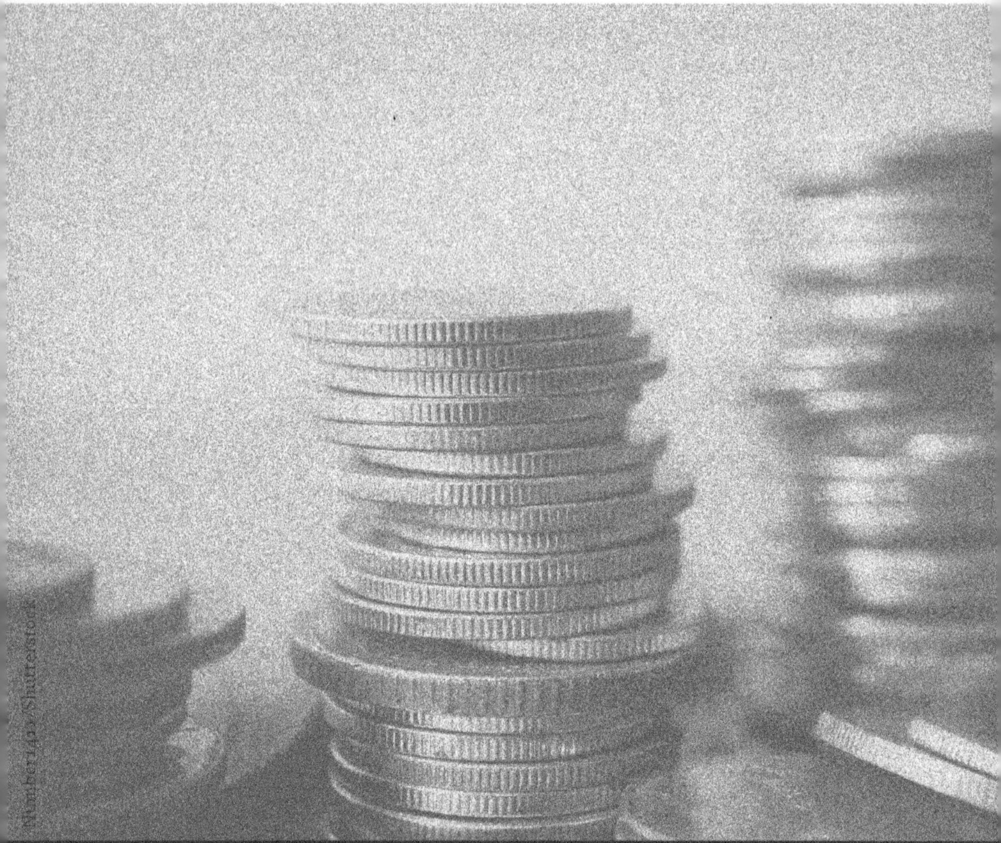

Number1a0 / Shutterstock

3

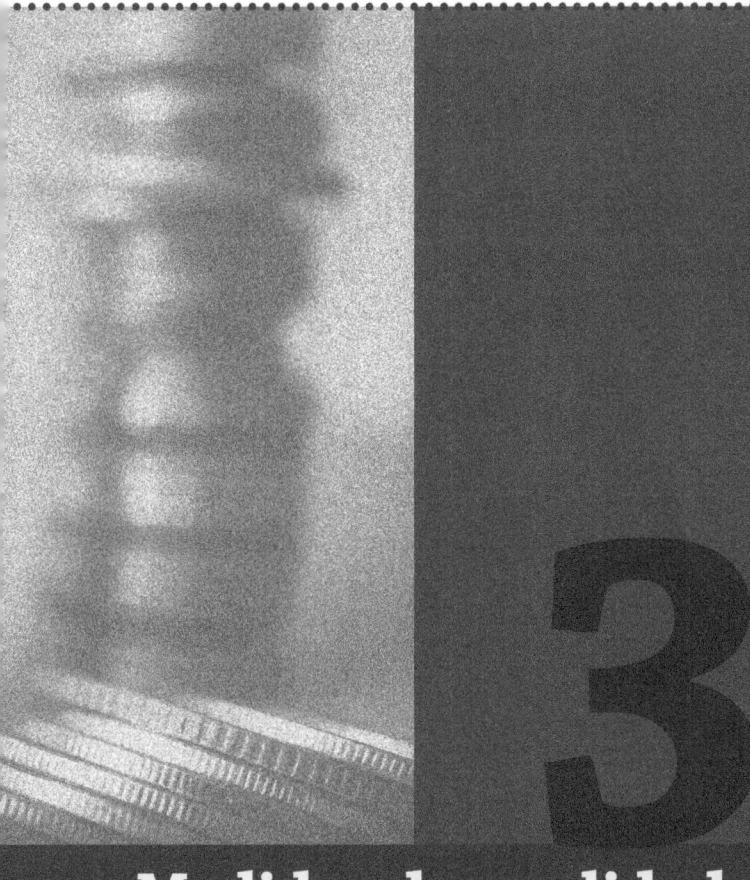

Medidas da qualidade nos serviços

> *Não se gerencia o que não se mede, não se mede o que não se define, não se define o que não se entende e não há sucesso no que não se gerencia.*
> William Edwards Deming

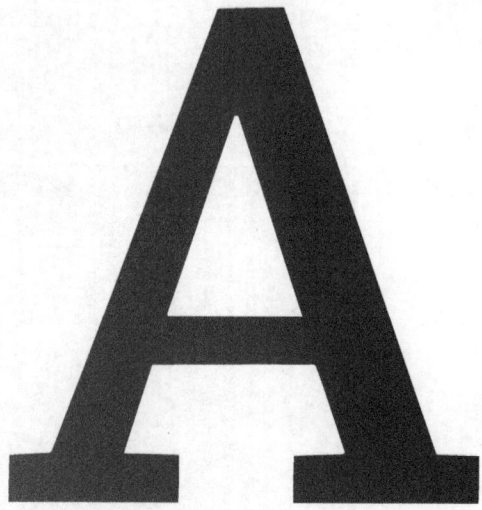

A frase presente na epígrafe deste capítulo, atribuída a William Deming, reflete com perfeição a importância do elemento que trabalharemos a seguir. Mensurar com precisão a qualidade e todas as variáveis que a compõem é um desafio e tanto para os gestores. Atestar a qualidade (ou a falta dela) não pode se restringir a meras impressões pessoais, pois elas podem facilmente levar a interpretações erradas sobre o cenário e, consequentemente, a sustentar decisões organizacionais igualmente equivocadas.

Podemos medir a qualidade dos serviços por meio de três aspectos:

1. **Medidas objetivas:** elementos que podem ser medidos numericamente, isto é, com dados. Logicamente, tais dados necessitam de parâmetros preestabelecidos para que sejam julgados como bons ou ruins, mas, de forma, geral, são medidas muito seguras, tais como:
   ❖ tempo de resposta do serviço;

- tempo de execução do serviço;
- quantidade de reclamações dos clientes em determinado período de tempo;
- número de solicitações por cliente por determinado serviço;
- quantidade de erros pré, durante e pós-execução dos serviços.

2. **Indicadores de qualidade:** apesar de serem, por vezes, também numéricos, os indicadores representam medidas muito utilizadas pelas organizações. São representadas, como no exemplo a seguir, por ocorrências que saíram do planejado e que foram identificadas pela própria organização ou mesmo pelo cliente. A vantagem do uso de indicadores é a possibilidade de monitoramento no decorrer do tempo. Por exemplo, em um serviço de construção civil prestado durante seis meses, observaram-se as seguintes ocorrências:
   - entrega de material fora do prazo;
   - dificuldade de contato entre cliente e engenheiro responsável;
   - entrega fora do prazo acordado.

3. **Gestão:** mensurar os processos de gestão da organização é tão importante quanto durante a prestação dos serviços. Muitas vezes, ocorrem certas situações negativas na gestão que podem acarretar problemas na execução dos serviços.

Os pontos apresentados representam aspectos gerais para iniciarmos a reflexão sobre a importância da mensuração da qualidade dos serviços. Todavia, precisamos ir um pouco além disso. A mensuração não pode ser subjetiva. Logo, é que seja objetiva para que possa servir de apoio às tomadas de decisões organizacionais.

Para auxiliar nessa missão, muitos pesquisadores se dedicaram a elaborar instrumentos de medida que permitissem aos gestores avaliar a perspectiva e o julgamento dos clientes diante de um serviço prestado.

3.1 O modelo Servqual

Entre os estudiosos que se debruçaram sobre essa missão e que, naturalmente, merecem créditos pelo esforço, vamos dar um destaque aos autores Parasuraman, Zeithaml e Berry, que em 1985 publicaram os primeiros estudos sobre o tema. Mas foi em 1988 que os autores lançaram o artigo mais representativo da temática, no qual apresentaram o Servqual.

Parasuraman, Zeithaml e Berry (1988) propuseram, nesse trabalho pioneiro, o Servqual, um instrumento de mensuração da qualidade de um serviço. Os autores explicam que a satisfação de um cliente decorre da diferença entre a expectativa dele e o desempenho que de fato lhe é entregue. Dessa forma, a avaliação da qualidade (Qj) de um serviço, por um cliente, é feita por meio da diferença entre sua expectativa (Ej) e seu julgamento do serviço (Dj), considerando certas características da qualidade de tal serviço. A equação a seguir ilustra esse conceito:

$$Qj = Dj - Ej$$

Em que:

- j: característica do serviço;
- Dj: valores da medida de percepção de desempenho para a característica "j" do serviço;
- Ej: valores de medida da expectativa de desempenho para a característica "j" do serviço;
- Qj: avaliação da qualidade do serviço em relação à característica "j".

Perceba que Parasuraman, Zeithaml e Berry (1985) utilizam a metodologia do *gap* para avaliar a qualidade de um serviço, ou seja, a diferença entre a expectativa criada pelo potencial cliente e o julgamento deste sobre o desempenho do serviço após a prestação. Mas do que se trata essa estrutura em *gap*?

A Figura 3.1, a seguir, retrata os cinco *gaps* idealizados por Parasuraman, Zeithaml e Berry (1985, citados por Salomi; Miguel; Abackerli, 2005).

Figura 3.1 – Modelo *gap* de qualidade em serviços

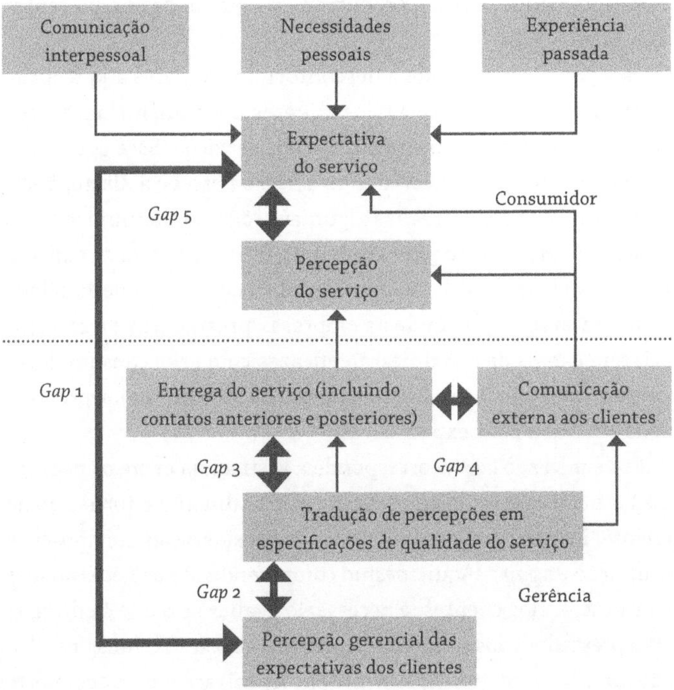

```
[Comunicação     ]   [Necessidades]   [Experiência]
[interpessoal    ]   [pessoais    ]   [passada    ]
          │              │                  │
          └──────────────▼──────────────────┘
                  ┌──────────────┐
                  │  Expectativa │◄──────────────┐
                  │  do serviço  │               │
                  └──────────────┘          Consumidor
    Gap 5       ▲▼                               
                  ┌──────────────┐               
                  │   Percepção  │◄──────────────┐
                  │  do serviço  │               │
                  └──────────────┘               │
                        ▲                        │
    ........................................    │
                                                 │
    Gap 1   ┌──────────────────────────┐   ┌──────────────┐
            │ Entrega do serviço       │◄─►│  Comunicação │
            │ (incluindo contatos      │   │ externa aos  │
            │ anteriores e posteriores)│   │   clientes   │
            └──────────────────────────┘   └──────────────┘
                   Gap 3 ▲▼        Gap 4           ▲
                  ┌─────────────────────────┐      │
                  │ Tradução de percepções  │──────┘
                  │ em especificações de    │
                  │ qualidade do serviço    │
                  └─────────────────────────┘
                   Gap 2 ▲▼                   Gerência
                  ┌─────────────────────────┐
            ─────►│ Percepção gerencial das │
                  │ expectativas dos clientes│
                  └─────────────────────────┘
```

Fonte: Parasuraman; Zeithaml; Berry, citados por Salomi; Miguel; Abackerli, 2005, p. 281.

Os *gaps* apresentados na imagem referem-se a medidas da qualidade do serviço relacionadas a uma característica específica qualquer. As dimensões da qualidade, determinadas por Parasuraman, Zeithaml e Berry (1985), dizem respeito a características genéricas do serviço, subdivididas em itens que delineiam o serviço sob o julgamento do cliente que o avaliará.

O *gap* 1 constitui a relação ou discrepância entre a expectativa do cliente e a percepção gerencial sobre essa mesma expectativa. Talvez seja o *gap* mais importante. Uma discrepância significativa entre essas duas variáveis pode mostrar que a avaliação da qualidade do serviço por parte da empresa está muito distante da expectativa dos clientes sobre esse mesmo serviço. E não é tão raro, como pode parecer, encontrar essa realidade em diferentes situações.

Já o *gap* 2 compreende a desconformidade entre a percepção gerencial das expectativas dos clientes e a transformação destas em especificações de qualidade dos serviços. Esse *gap* é atendido à medida que o prestador do serviço percebe a discrepância identificada no *gap* 1 e realiza algumas ações para minimizar seus efeitos, esforçando-se para alinhar as atividades com as expectativas dos clientes. Vale ressaltar, neste momento, a necessidade cada vez mais explícita de as empresas prestadoras de serviços criarem canais de comunicação eficazes com seus consumidores, permitindo, por meio destes, compreender com maior precisão seus anseios e suas expectativas.

Por sua vez, o *gap* 3 corresponde à assimetria entre os padrões e as especificações da empresa e o que realmente é fornecido ao cliente. Perceba que esse *gap* leva em consideração uma possível limitação do *gap* 2. Aqui, mesmo compreendendo as necessidades e os desejos dos clientes, é necessário avaliar se o que é entregue pela prestadora dos serviços realmente atendeu a tais anseios. Não são raros os casos, principalmente em organizações de menor porte, nos quais mesmo que a empresa conheça os desejos dos clientes e busque atendê-los, ela acaba não conseguindo em virtude da falta de recursos financeiros, técnicos, humanos ou físicos.

O *gap* 4 é igualmente interessante e comumente observado. Trata-se da desarmonia entre a promessa realizada pelos meios de comunicação externa da organização e o que realmente foi entregue aos consumidores. Afinal, quem nunca foi iludido por uma comunicação bem feita de uma empresa e se decepcionou profundamente com o que foi entregue?

Por fim, o *gap* 5 consiste na discrepância entre a expectativa do cliente e sua percepção do serviço. É o único *gap* que acontece sem a participação direta da organização, mas esse fato não tira dela a responsabilidade. Pelo contrário, é determinante, por meio do cumprimento dos outros quatro *gaps*, influenciar a relação entre a expectativa e a percepção final do cliente sobre o serviço.

Evidenciando essa constatação, Parasuraman, Zeithaml e Berry (1985) descreveram o seguinte modelo de qualidade:

$$gap\ 5 = f\ (gap\ 1, gap\ 2, gap\ 3, gap\ 4)$$

Essa relação é corroborada por Salomi, Miguel e Abackerli (2005, p. 281, grifos do original), que afirmam: "como mostra a equação, a percepção de qualidade dos serviços, do ponto de vista do cliente, chamada de *gap* 5, depende da direção e magnitude das seguintes discrepâncias: *gap* 1, *gap* 2, *gap* 3 e *gap* 4."

Com base na teoria dos *gaps*, Parasuraman, Zeithaml e Berry (1988) apresentaram o Servqual, questionário voltado para a mensuração da qualidade dos serviços (Quadro 3.1):

Quadro 3.1 – O instrumento Servqual

Item		Expectativa (E)	Desempenho (D)
1	Aspectos tangíveis	Eles deveriam ter equipamentos modernos	XYZ têm equipamentos modernos.
2		As suas instalações físicas deveriam ser visualmente atrativas.	As instalações físicas de XYZ são visualmente atrativas.
3		Os seus empregados deveriam estar bem vestidos e asseados.	Os empregados de XYZ são bem vestidos e asseados.
4		As aparências das instalações das empresas deveriam estar conservadas de acordo com o serviço oferecido.	A aparência das instalações físicas XYZ é conservada de acordo com o serviço oferecido.
5	Confiabilidade	Quando estas empresas prometem fazer algo em certo tempo, deveriam fazê-lo.	Quando XYZ promete fazer algo em certo tempo, realmente o faz.
6		Quando os clientes têm algum problema com estas empresas elas, deveriam ser solidárias e deixá-los seguros.	Quando você tem algum problema com a empresa XYZ, ela é solidária e o deixa seguro.
7		Estas empresas deveriam ser de confiança.	XYZ é de confiança.
8		Eles deveriam fornecer o serviço no tempo prometido.	XYZ fornece o serviço no tempo prometido.
9		Eles deveriam manter seus registros de forma correta.	XYZ mantém seus registros de forma correta.

(continua)

(Quadro 3.1 – conclusão)

Item		Expectativa (E)	Desempenho (D)
10	Presteza	Não seria de se esperar que eles informassem os clientes exatamente quando os serviços fossem executados.	XYZ não informa exatamente quando os serviços serão executados.
11		Não é razoável esperar por uma disponibilidade imediata dos empregados das empresas.	Você não recebe serviço imediato dos empregados da XYZ.
12		Os empregados das empresas não têm que estar sempre disponíveis em ajudar os clientes.	Os empregados da XYZ não estão sempre dispostos a ajudar os clientes.
13		É normal que eles estejam muito ocupados em responder prontamente aos pedidos.	Empregados da XYZ estão sempre ocupados em responder aos pedidos dos clientes.
14	Segurança	Clientes deveriam ser capazes de acreditar nos empregados desta empresa.	Você pode acreditar nos empregados da XYZ.
15		Clientes deveriam ser capazes de sentirem-se seguros na negociação com os empregados da empresa.	Você se sente seguro em negociar com os empregados da XYZ.
16		Seus empregados deveriam ser educados.	Empregados da XYZ são educados.
17		Seus empregados deveriam obter suporte adequado da empresa para cumprir suas tarefas corretamente.	Os empregados da XYZ não obtêm suporte adequado da empresa para cumprir suas tarefas corretamente.
18	Empatia	Não seria de se esperar que as empresas dessem atenção individual aos clientes.	XYZ não dão atenção individual a você.
19		Não se pode esperar que os empregados dêem atenção personalizada aos clientes.	Os empregados da XYZ não dão atenção pessoal.
20		É absurdo esperar que os empregados saibam quais são as necessidades dos clientes.	Os empregados da XYZ não sabem das suas necessidades
21		É absurdo esperar que estas empresas tenham os melhores interesses de seus clientes como objetivo.	XYZ não têm os seus melhores interesses como objetivo.
22		Não deveria se esperar que o horário de funcionamento fosse conveniente para todos os clientes.	ZYZ não tem os horários de funcionamento convenientes a todos os clientes.

Fonte: Parasuraman; Zeithaml; Berry, citados por Salomi; Miguel; Abackerli, 2005, p. 282.

O Servqual é estruturado em cinco dimensões:

1. **Confiabilidade:** refere-se à habilidade de prestar o serviço com a maior exatidão possível em relação aos parâmetros previamente previstos.
2. **Presteza:** relaciona-se com a disposição em ajudar os clientes e fornecer o serviço com agilidade, celeridade e rapidez.
3. **Garantia:** diz respeito aos conhecimentos e às habilidades demonstrados pelos colaboradores, com a intenção de aumentar o grau de confiança dos consumidores.
4. **Empatia:** indica o grau de compreensão da empresa em relação às expectativas dos clientes.
5. **Aspectos tangíveis:** aspectos que podem ser "tocados" ou que "existem fisicamente" no serviço prestado. Estão vinculados à aparência das instalações, bem como a equipamentos, pessoal, materiais de comunicação, enfim, toda a estrutura física e tangível relacionada ao serviço. E, sim, as pessoas podem ser consideradas como aspectos tangíveis sob essa ótica.

Com relação à escala para a resposta do Servqual, os autores sugerem a utilização da Escala Likert de sete pontos, sendo: (1) discordo fortemente... (7) concordo fortemente. Todavia, essa escala é apenas sugerida. Cabe a cada pesquisador utilizar a que melhor representa os dados que busca analisar. Evidentemente, as rígidas condutas relacionadas à metodologia científica devem ser obedecidas. Por exemplo: não é rara, nas aparições em pesquisas quantitativas nas ciências sociais aplicadas, a utilização de escalas Likert de seis pontos, sob a justificativa de anular a opção intermediária, excluindo o respondente de "cima do muro" nas respostas.

Popular por sua fácil aplicabilidade e pela fidedignidade (dados representam a realidade) dos dados provenientes de suas aplicações, a Escala Servqual tem sido amplamente difundida e utilizada por pesquisadores de todo o mundo.

Contudo, os criadores do instrumento ressaltam que ele deve ser adaptado a cada aplicação, levando-se em consideração o tipo de negócio e as características e os atributos mais relevantes naquele momento. Tais adaptações devem ser referidas nas sentenças com as letras *XYZ* – repare no quadro recém-apresentado. Tal designação deve ser substituída, antes da aplicação, pelas características e/ou atribuições que a organização gostaria de medir. Nesse sentido, é importante salientar que a inclusão desse texto não deve, sob hipótese alguma, alterar o sentido da sentença original. Atente-se a isso para que não haja incongruências nos dados obtidos – o que pode levar a uma interpretação equivocada da realidade.

A Escala Servqual surgiu de uma série de estudos qualitativos e quantitativos, em sua maioria conduzidos por Parasuraman e colegas, resultando nas cinco dimensões anteriormente apresentadas. Tais estudos sempre utilizaram os clientes como fonte de informação, partindo do pressuposto de que a qualidade advém unicamente das necessidades e percepções desse grupo, sendo consideradas, portanto, como determinantes da qualidade dos serviços (Figura 3.2):

Figura 3.2 – Determinantes da qualidade dos serviços

Dimensões da qualidade em serviço
- Tangibilidade
- Confiabilidade
- Responsividade
- Cortesia
- Credibilidade
- Segurança
- Acesso
- Comunicação
- Compreensão do usuário

Comunicação interpessoal — Necessidades pessoais — Experiência passada — Comunicações externas

→ Expectativa do serviço
→ Serviço prestado
→ Qualidade perceptível do serviço

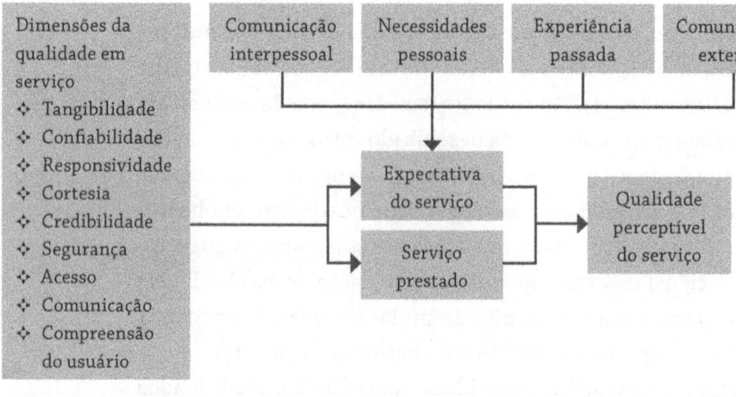

Fonte: Zeithaml; Parasuraman; Berry, 1990, p. 23.

Zeithaml, Parasuraman e Berry (1990) defendem que a Escala Servqual pode não só demonstrar uma visão global sobre a qualidade dos serviços prestados por uma empresa quando as dimensões são analisadas em conjunto (os cinco *gaps*), mas também prover dados parciais, com cada *gap* sendo analisado separadamente. Isso é possível porque cada dimensão reflete um índice único e independente em relação aos demais. Na prática, isso representa a possibilidade de gestores destinarem mais esforços em dimensões que carecem de maiores cuidados, além de promover informações e dados para uma tomada de decisão de maneira mais estruturada.

3.2 O MODELO SERVPERF

O modelo de mensuração da qualidade em serviços Servperf foi elaborado por Cronin e Taylor (1992) e, diferentemente do Servqual, baseia-se somente na percepção de desempenho dos serviços – portanto, não inclui a expectativa.

Mas não seria importante conhecer a expectativa dos clientes? Os autores argumentam que a qualidade é mais comumente conceituada como uma avaliação, por parte dos clientes, que se refere unicamente ao desempenho do serviço prestado. Logo, segundo Cronin e Taylor (1992), a qualidade dos serviços não deve ser medida por meio da função (diferença) entre expectativa e desempenho, como o Servqual, mas sim mediante a percepção de desempenho, unicamente.

Sob essa ótica, o Servperf pode ser representado pela seguinte equação:

$$Q_j = D_j$$

Em que:

- ❖ j: característica do serviço.
- ❖ Q_j: avaliação da qualidade do serviço em relação à característica "j";
- ❖ D_j: valores de percepção de desempenho para a característica "j" de serviço.

Cronin e Taylor (1992) justificam que a percepção de satisfação do cliente tem maior influência na decisão de compra do que a própria qualidade dos serviços. Em suma, os autores são enfáticos ao afirmarem que o desempenho representado pela satisfação (resultado) é a variável que tem maior representatividade. Em outras palavras, isso é o que realmente importa nessa relação.

Apesar dessa ressalva crítica dos autores quanto ao Servqual, eles salientam que propuseram o Servperf como uma alternativa ao instrumento Servqual. Esse aspecto merece destaque porque esclarece que os instrumentos são complementares, e não excludentes. O Servqual continua sendo um excelente instrumento de medida da qualidade em serviços, dependendo de quais pontos o investigador tem interesse em se aprofundar.

A importância do Servqual fica ainda mais evidente quando Cronin e Taylor (1992) descrevem que o desenvolvimento do Servperf partiu justamente das afirmações do Servqual. Primeiramente, os autores afirmaram que os 22 itens (cinco dimensões) do Servqual (apresentados anteriormente) estão cientificamente bem fundamentados, sem margem para dúbias interpretações. Assim, eles compõem a base teórica utilizada por Cronin e Taylor (1992) para avaliar a qualidade dos serviços. Contudo, para justificar o argumento de que a satisfação do cliente é um critério mais importante para a avaliação da qualidade dos serviços do que a expectativa prévia, Cronin e Taylor (citados por Salomi; Miguel; Abackerli, 2005) testaram seu Servperf com base em algumas hipóteses, conforme segue:

- uma medida de qualidade em serviço Servperf é mais apropriada para a medição da qualidade que o instrumento Servqual e suas versões;
- a satisfação de cliente é um antecedente da qualidade percebida do serviço;
- a satisfação do cliente tem um impacto significativo nas intenções de recompra;
- a qualidade percebida do serviço tem impacto significativo nas intenções de recompra.

Os resultados dos testes do Servperf (Cronin; Taylor, 1992) podem ser resumidos em três pontos principais:

1. Não havendo experiência ou contato prévio de um cliente com um fornecedor, somente a expectativa inicial define o nível de qualidade perceptível. Esse fato, segundo os autores, torna a expectativa prévia um indicador frágil de qualidade.
2. Experiências subsequentes (da segunda em diante) com o fornecedor conduzem a novas expectativas que podem não se confirmar, alterando significativamente o nível de qualidade perceptível do serviço.
3. O nível de qualidade perceptível e redefinido do serviço modifica a intenção de um cliente em utilizar tal serviço novamente.

Com base nessas afirmações, Cronin e Taylor (1992) concluem que o instrumento Servperf é mais eficaz em demonstrar as eventuais variações de percepção de qualidade em relação às outras escalas, em especial a Servqual. A esse respeito, é importante salientar que em nenhum momento essa conclusão visa desqualificar a metodologia aplicada pelo Servqual. Inclusive, ressaltamos, novamente, que a escolha da escala deve levar em conta, principalmente, as necessidades do pesquisador.

Perceba, portanto, que o Servperf utiliza as mesmas questões do Servqual, todavia, limita-se, pelas razões apresentadas, a mensurar apenas a percepção dos clientes com relação à qualidade do serviço prestado, sem ponderar a percepção prévia do cliente sobre esse novo serviço.

Depois de analisarmos os dois instrumentos de medida da qualidade dos serviços, propomos, agora, uma reflexão: Você concorda que de nada servirão os dados coletados por esses instrumentos se a organização não souber utilizá-los de maneira correta?

Devemos lembrar que os números são "burros", ou seja, não dizem nada por si só. A inteligência está em saber interpretá-los e, a partir deles, tirar possibilidades que nos ajudem a compreender fenômenos ou resolver problemas da vida real.

Essa ideia cabe como uma luva para esse momento. Como podemos tirar o máximo proveito dos dados provenientes da mensuração? Existem várias possibilidades. Confira algumas a seguir:

- ❖ **Os dados auxiliam na gestão:** de posse dos dados, sua gestão ficará mais assertiva e ágil. Você poderá planejar ações, organizar e capacitar equipes, definir parâmetros para a operação dos serviços etc. As tomadas de decisão estratégicas tendem a ficar muito mais seguras com o uso dos dados provenientes dos instrumentos apresentados.
- ❖ **Os dados facilitam a gestão de equipe:** a delegação de atribuições, funções, responsabilidades e, até, de autoridade se torna muito mais fácil se é baseada em dados. Além disso, o fornecimento constante de *feedback* aos colaboradores, a mensuração de desempenho e a criação de indicadores diversos ficam mais assertivos. Uma dica adicional: apesar de não ser o foco principal desta obra, vale tecermos uma consideração: fazer a gestão da equipe corretamente tem-se mostrado uma ação extremamente útil para o aumento da qualidade dos serviços. Lembre-se de que os colaboradores levam o nome da empresa onde quer que vão. Por isso, fazer uma gestão de equipe bem feita é fundamental não só para a competitividade dos serviços, mas também para a sobrevivência da organização. E, claro, não se esqueça dos dados, pois, sem dúvida nenhuma, eles serão de grande auxílio nessa missão.
- ❖ **Os dados propiciam a elaboração de relatórios:** relatórios são o espelho de uma organização. Neles constam os resultados, os problemas, as metas e diversas outras informações que possam explicar como é a situação da empresa. E os relatórios só fazem sentido se apresentarem dados sobre a qualidade dos serviços prestados. Eles ainda podem ser internos ou externos, mostrando tudo que foi desenvolvido durante a prestação do serviço. Assim, a segurança, a confiabilidade e a percepção de qualidade do cliente tendem a subir.

❖ **Os dados permitem o gerenciamento de bases de dados:** a criação de uma base de dados talvez seja uma das maiores vantagens de mensurar constantemente a qualidade dos serviços. Quanto mais dados você tiver, mais possibilidades eles oferecerão. A partir do momento em que a organização reunir dados referentes a um grande intervalo de tempo, será possível verificar de que maneira determinadas ações/indicadores se comportaram no decorrer do tempo. É possível até mesmo, mediante dados mais robustos, estabelecer padrões que permitem prever comportamentos e tendências futuras.

❖ **Padronização de processos dos serviços:** para que uma organização se torne referência na qualidade em serviços, ela necessariamente precisará de padronização em seus processos. A padronização é tão significativa na qualidade de um serviço que é um critério básico para o início do processo de franqueamento, por exemplo. Trata-se de uma garantia de que todos os colaboradores executarão suas atividades em padrões semelhantes e preestabelecidos, gerando segurança, facilidade na gestão e antecipação da expectativa dos clientes. Isso tudo só é possível com o uso de dados provenientes dos instrumentos de medida.

Do exposto, podemos concluir que os dados são importantes para qualquer organização, e não é diferente para o setor de serviços. As possibilidades são inúmeras, e as que citamos representam apenas uma pequena porcentagem que os dados podem proporcionar para o aumento da qualidade dos serviços. Por isso, não negligencie a importância dos instrumentos de medida, sejam os que citamos (Servqual e Serperf), seja outro qualquer. Apenas certifique-se de que o instrumento a ser usado passou por rígidas metodologias científicas antes de ser aplicado.

Síntese

Neste capítulo, destacamos a importância de se fazer a gestão da qualidade por meio de indicadores objetivos provenientes de instrumentos de medida científicos. Entre eles, conhecemos o Servqual e o Servperf, dois dos mais utilizados mundialmente para a mensuração da percepção de qualidade.

Abordamos, ainda, a teoria dos *gaps*, que serviu de base teórica para o desenvolvimento do modelo Servqual.

Questões para revisão

1. Uma das formas de mensuração da qualidade em serviços é por meio da adoção de medidas objetivas, ou seja, que podem ser mensuradas numericamente. A esse respeito, assinale a seguir o indicador que **não** representa uma medida objetiva:
   a) Tempo de resposta do serviço.
   b) Quantidade de reclamações.
   c) Número de solicitações de novos serviços.
   d) Quantidade de erros.
   e) Dificuldade de contato com o cliente.

2. O Servqual, questionário de mensuração da percepção de qualidade dos serviços, proposto por Parasuraman, Zeithaml e Berry (1988), foi elaborado com base em uma teoria muito conhecida entre os estudiosos de serviços. Qual teoria é essa?
   a) Teoria da qualidade.
   b) Teoria dos *gaps*.
   c) Teoria das características do serviço.
   d) Teoria da profundidade.
   e) Teoria das necessidades especiais.

3. O Servqual mensura a percepção de um indivíduo ou grupo sobre algum serviço. A que indivíduos ou grupos estamos nos referindo?
   a) Concorrentes.
   b) Fornecedores.
   c) Clientes.
   d) Funcionários.
   e) Gestores.

4. Quais são as consequências que uma organização poderá sofrer se houver uma discrepância entre a expectativa do cliente e a percepção que ele tem sobre a qualidade do serviço?

5. A teoria que baseia o Servqual ressalta constantemente a importância da empatia como uma variável importante para a compreensão das expectativas do cliente. Em sua opinião, de que forma a empatia pode ajudar nessa tarefa?

Questão para reflexão

1. O Servqual baseia-se na relação de cinco dimensões: confiabilidade, presteza, garantia, empatia e aspectos tangíveis. Reflita sobre esses cinco itens e liste algumas ações que você, como gestor, faria para buscar melhorar esses aspectos em sua empresa.

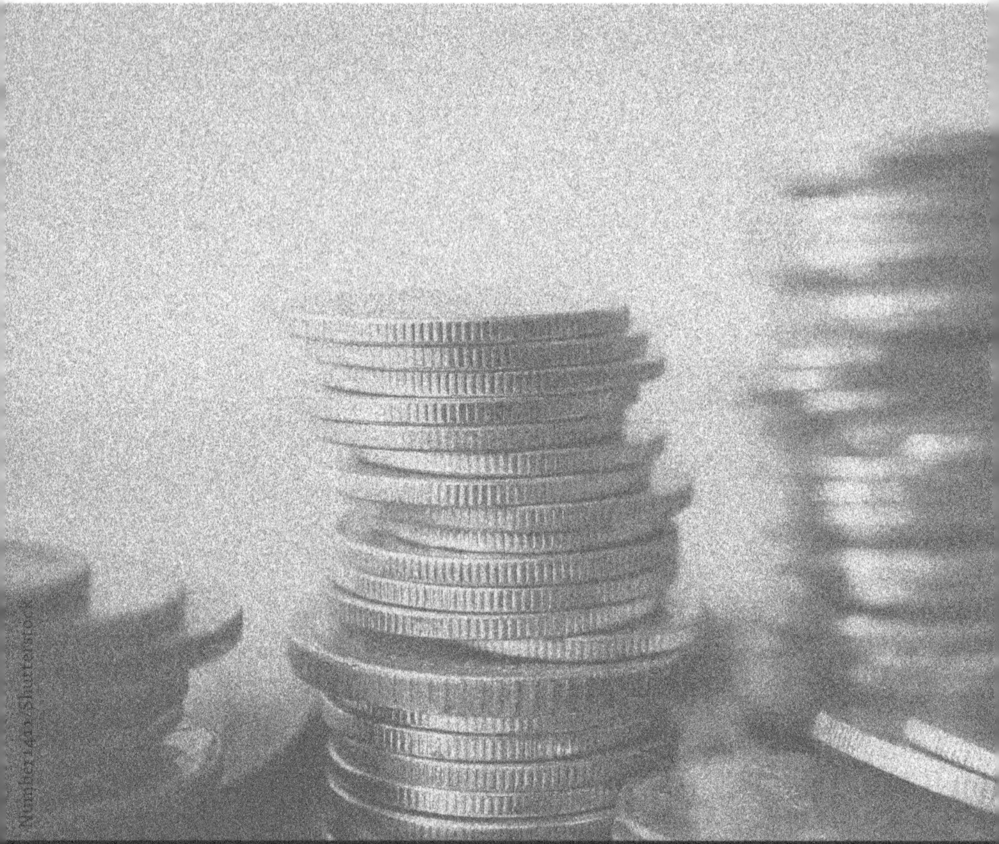

Number1411 / Shutterstock

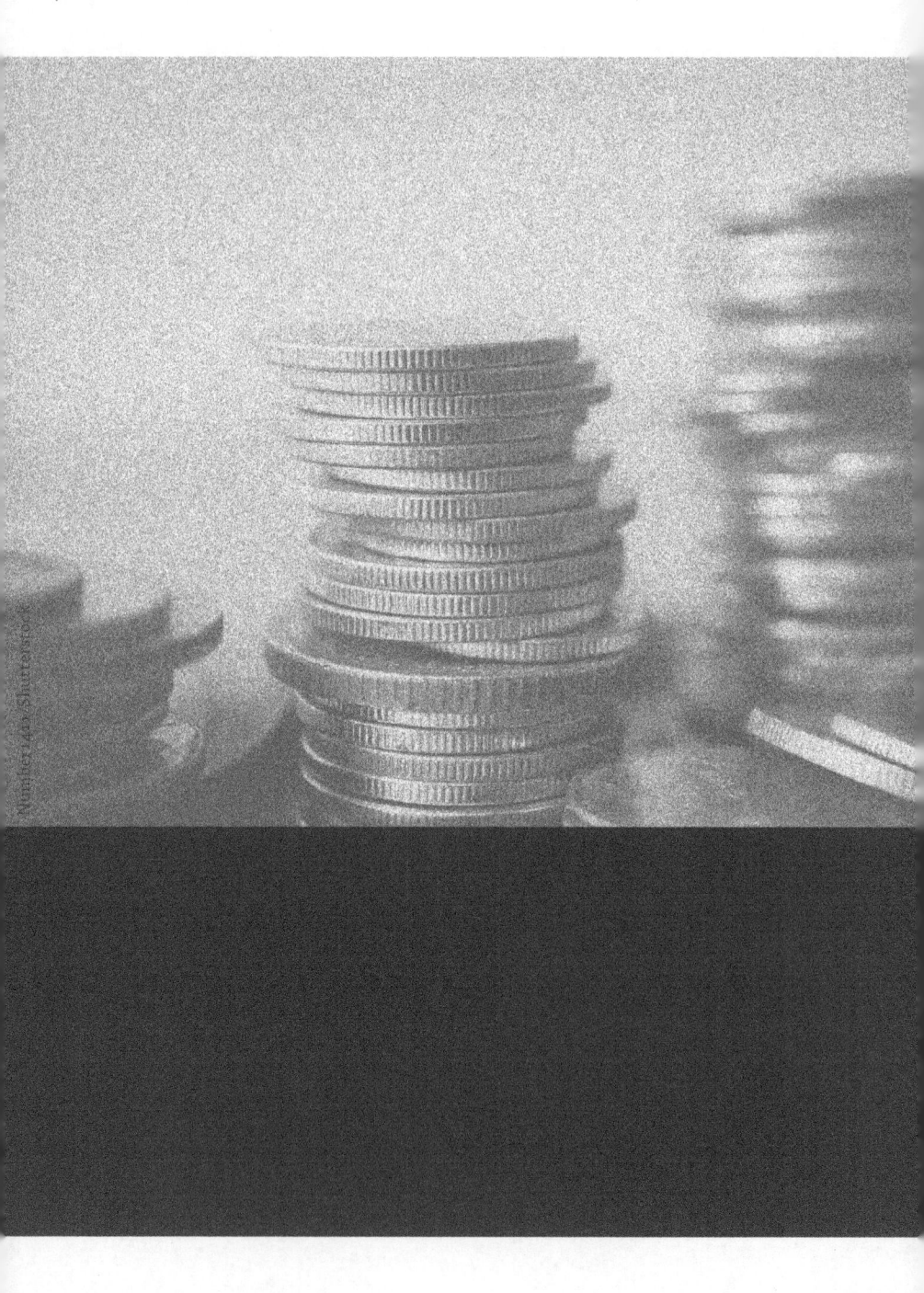

4

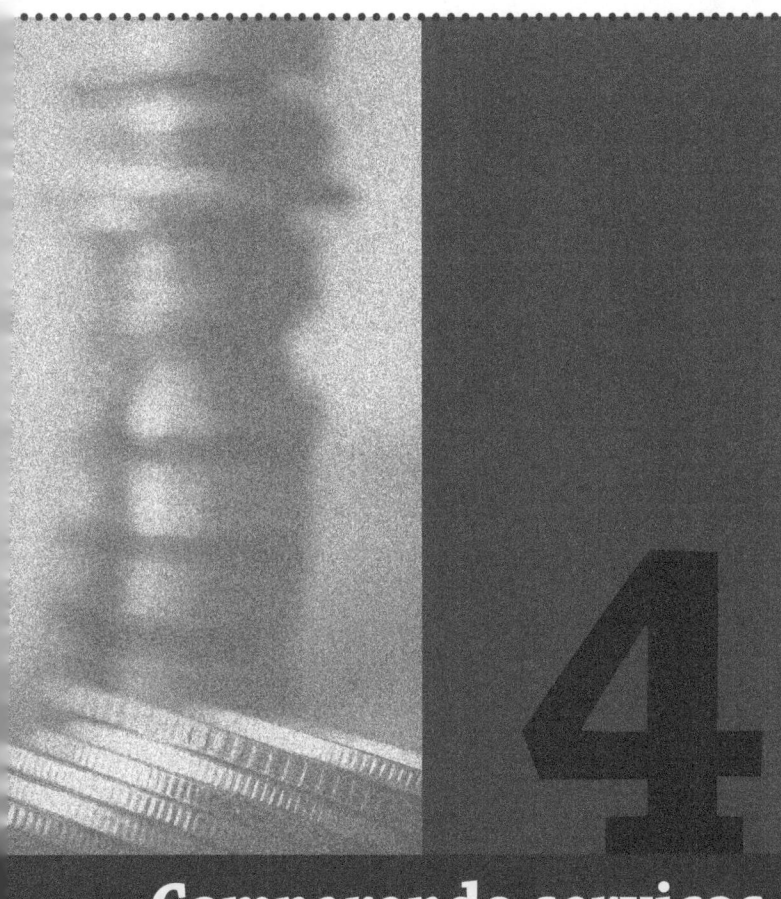

Comparando serviços com produtos: consistência e competência

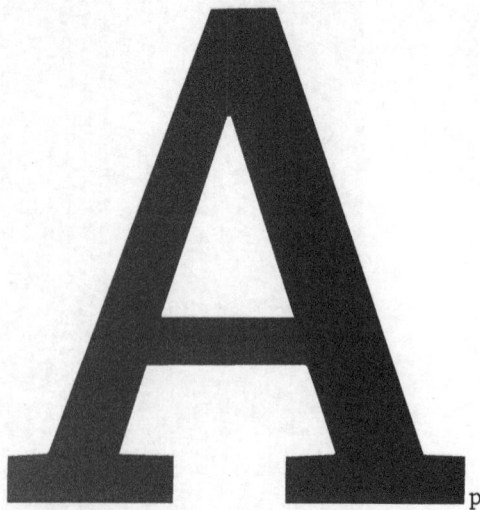

Apesar de serem entendidas como uma só palavra por diversas definições científicas, *produtos* e *serviços* apresentam diferenças evidentes e que serão aqui brevemente destacadas.

Pode parecer estranho, mas enquanto interpretamos o serviço como algo intangível, e o produto como algo tangível, não são raras as ocasiões em que os termos se confundem, principalmente em publicações europeias e norte-americanas. Nessas culturas, é muito comum o uso do termo *produto* para ambas as situações. Por isso, eles diferenciam um do outro adicionando mais um termo ao conceito quando se referem ao bem tangível: *produto bem*; da mesma forma, a remissão aos serviços intangíveis é feita pela expressão *produto serviço*. Portanto, quando se deparar com um desses termos, saiba que não se trata de nenhuma falha conceitual, nem nossa nem deles, mas sim de apenas uma convenção diferente adotada no Brasil em relação a outros países.

Feito esse esclarecimento, vamos conhecer as diferenças técnicas entre produto e serviço.

4.1 Diferenças entre produto e serviço

Cobra (2009, p. 216-217, grifo do original) definiu didaticamente as diferenças entre produtos e serviços por meio de seis características clássicas:

- **Os serviços são intangíveis.** A natureza do serviço é a sua intangibilidade, ou seja, não pode ser tocado, armazenado, transportado. No caso de um serviço, o consumidor não pode guardar como faz com o objeto, ele apenas pode reter o serviço na memória, como uma vaga lembrança.
- **Os serviços são inseparáveis do provedor de serviços.** Quem provê o serviço é o serviço. Ou seja, o prestador de serviços se confunde com o próprio serviço que presta. O amolador de faca é o próprio serviço. O consertador de guarda-chuvas é o serviço que executa.
- **Os serviços são perecíveis.** A energia elétrica que deixa de ser consumida hoje não pode ser utilizada amanhã. Da mesma forma, um avião que decola com disponibilidade de assentos hoje não pode utilizar as sobras de lugares no próximo vôo. De maneira análoga, as vagas de um hotel, na baixa estação, não podem ser utilizadas na alta estação, quando a procura aumenta.
- **Há dificuldade de padronização.** Como o serviço depende, sobretudo, de desempenho humano, não há como padronizar tão facilmente quanto um produto. Mesmo quando o serviço é realizado por equipamentos, a padronização nem sempre atinge 100% de perfeição. O serviço no caixa eletrônico de um banco 24 horas pode apresentar falhas, como falta de dinheiro para saque, ou o sistema fora do ar.
- **O comprador frequentemente é envolvido no desenvolvimento e distribuição de serviços.** Quando o consumidor resolve comer em um dos restaurantes da cadeia McDonald's, ele deverá estar disposto a ir ao caixa, fazer o pedido, pagar, servir-se de canudinho para o refrigerante, apanhar alguns

guardanapos e, ao final, jogar o lixo na lixeira, depositando sobre ela a bandeja recebida no caixa. Portanto, há diversos serviços em que o consumidor é envolvido. Num banco, para realizar depósitos, fazer saques, pagar contas, o cliente precisa realizar um "esforço" indo a uma agência do banco, ou operando o sistema num equipamento remoto, ou via internet. De qualquer maneira é preciso que o cliente se envolva com o serviço realizando algum esforço ou trabalho.

- **A qualidade do serviço é altamente variável**. Da mesma maneira que existe dificuldade de padronização, a qualidade também varia de acordo com a performance do prestador de serviços. Por exemplo, a simples alteração de humor do prestador de serviço poderá comprometer a imagem de qualidade que o cliente tem sobre o serviço. Um restaurante, por exemplo, para manter a qualidade da refeição depende de inúmeras variáveis, como: qualidade dos alimentos, temperatura do fogão, humor do garçom, temperatura externa que influi na consistência dos alimentos, e um sem-número de combinação de fatores.

Note que os elementos elencados por Cobra (2009) deixam claro que existem diferenças significativas entre produtos e serviços. A seguir, abordaremos alguns desses aspectos mais detalhadamente, considerando os conceitos de Bordoloi, Fitzsimmons e Fitzsimmons (2019), com destaque para a participação dos consumidores nos serviços e para a era da informação.

4.2 O CONSUMIDOR COMO COPARTICIPANTE DOS SERVIÇOS

Bordoloi, Fitzsimmons e Fitzsimmons (2019) afirmam que, para a maioria dos sistemas de serviço, o cliente está presente quando estes estão sendo executados. Em vez de ser um espectador passivo, o cliente representa o trabalho produtivo apenas no momento em que é necessário, e existem oportunidades para aumentar a produtividade transferindo a ele algumas das atividades de serviço (ou seja, tornando o cliente um coprodutor).

Além disso, a participação do cliente pode ser uma estratégia incrível para não errar na personalização dos serviços. Por exemplo, o *buffet* de almoço da Pizza Hut permite que os clientes façam suas próprias saladas e escolham sua pizza por fatia, enquanto os cozinheiros trabalham continuamente para reabastecer apenas as pizzas que estão vendendo, em vez de atender aos pedidos individuais.

Assim, envolver o cliente no processo de prestação do serviço poderá suportar uma estratégia competitiva de liderança de custos com alguma customização se estiver focada em clientes interessados em realizar essas tarefas e, claro, esperando algo em troca – normalmente, um custo menor.

4.3 ABORDAGEM DE CONTATO COM O CLIENTE

Provavelmente, você percebeu que a participação dos clientes na prestação dos serviços é mais comum do que você imaginava. Até pedimos desculpas caso, agora, você esteja se sentindo explorado por, muitas vezes, ter "trabalhado" de graça para alguém. Mas é assim mesmo que funciona, afinal, por que você acha que determinado serviço era mais barato?

Mesmo sendo uma estratégia interessante, essa abordagem apresenta algumas limitações. Diante disso, de que forma os gerentes de serviço podem projetar suas operações para atingir a eficiência da fabricação quando os clientes participam do processo?

Bordoloi, Fitzsimmons e Fitzsimmons (2019) sugerem que seja adotada uma abordagem de separar o sistema de prestação de serviços em operações de acordo com o grau de envolvimento do cliente em cada atividade (alto e baixo). Tal separação pode resultar na percepção positiva do cliente de serviço personalizado, ao mesmo tempo em que se conseguem economias de escala por meio do processamento de volume.

Voltemos ao exemplo do Mc Donald's. Uma atividade de baixo envolvimento seria a confecção do sanduíche. Nesse momento, o máximo que os clientes fazem é escolher qual sanduíche querem, e providenciá-lo é responsabilidade do profissional. Já a limpeza da mesa e o pagamento, por exemplo, permitem um envolvimento do consumidor em um grau bem mais alto.

O sucesso dessa abordagem depende da quantidade necessária de contato com o cliente na criação do serviço (alto contato) e da capacidade de isolar um núcleo técnico de operações (baixo contato).

4.4 O EMPODERAMENTO DOS CLIENTES

O avanço das tecnologias de informação (TI) não é mais segredo para ninguém. É raro encontrar ainda hoje alguma produção manufatureira ou de serviços que não seja minimamente apoiada por TI. Mas o avanço dessa área vai muito além desse simples suporte operacional. Principalmente por meio da internet, a TI tem deixado os clientes cada vez mais autônomos e independentes com relação aos prestadores de serviços. Por exemplo: uma pessoa com uma dúvida médica pode pesquisar respostas em todo o mundo. Além disso, qualquer um pode fazer compras em lojas de todo o mundo, também graças à TI. Ela ainda oferece aos clientes outras maneiras de participar ativamente do processo de serviço. Os Correios, por exemplo, oferecem um número de rastreamento das encomendas, e com esse número o cliente pode verificar onde seu produto está e quando chegará à sua casa. Tudo isso sem a necessidade de interação física com qualquer funcionário da organização prestadora do serviço.

Para compreendermos completamente a importância da interação dos clientes com os serviços, observe a Figura 4.1, que retrata a relação entre o grau de interação e customização do cliente *versus* o grau de intensidade do trabalho.

Figura 4.1 – Graus de interação e customização

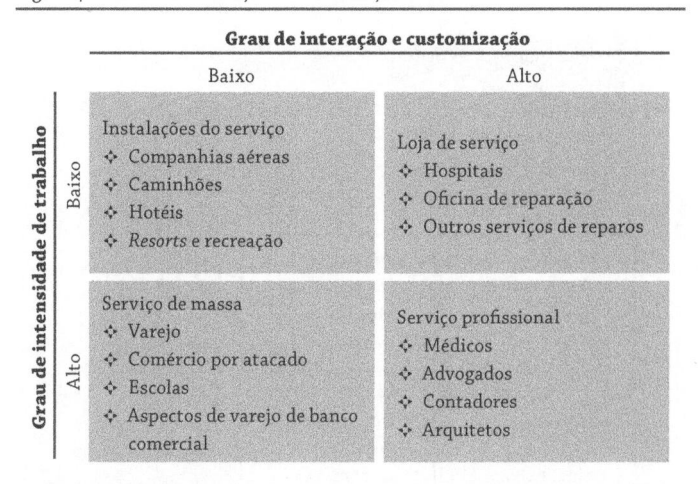

		Grau de interação e customização	
		Baixo	Alto
Grau de intensidade de trabalho	Baixo	Instalações do serviço ❖ Companhias aéreas ❖ Caminhões ❖ Hotéis ❖ *Resorts* e recreação	Loja de serviço ❖ Hospitais ❖ Oficina de reparação ❖ Outros serviços de reparos
	Alto	Serviço de massa ❖ Varejo ❖ Comércio por atacado ❖ Escolas ❖ Aspectos de varejo de banco comercial	Serviço profissional ❖ Médicos ❖ Advogados ❖ Contadores ❖ Arquitetos

Fonte: Schmenner, 1986, p. 25.

A dimensão vertical mede o grau de intensidade do trabalho, definido como a razão entre o custo do trabalho e o custo do capital de um serviço. Por isso, serviços de capital intensivo, como companhias aéreas e hospitais, são alocados na linha superior, já que necessitam de altos investimentos em instalações e equipamentos em relação aos custos de mão de obra. Serviços de mão de obra intensiva, por sua vez, como escolas e de assistência jurídica, aparecem na linha inferior porque seus custos com insumos são altos em comparação com suas necessidades de capital.

A dimensão horizontal mede o grau de interação e customização do cliente, que se trata de uma variável que descreve a capacidade do cliente de afetar pessoalmente a natureza, a execução e o desenvolvimento de determinados serviços.

Schmenner (1986) ainda descreveu os desafios dos gestores para cada um dos quadrantes apresentados na figura anterior, como pode ser observado na Figura 4.2:

Figura 4.2 – Desafios dos gestores de serviços

Desafios para gerentes (baixa interação/baixa personalização)
- Marketing
- Tornar o serviço "caloroso"
- Atenção ao ambiente físico
- Gerenciando hierarquia bastante rígida com necessidade de procedimento

Desafios para gerentes (baixa intensidade de trabalho)
- Decisões de capital
- Avanços tecnológicos
- Gerência de demanda
- Agendamento de entrega de serviço

Desafios para gerentes (alta interação/alta personalização)
- Combatendo aumentos de custos
- Mantendo a qualidade
- Reagindo à intervenção do consumidor no processo
- Gerenciando o avanço das pessoas que prestam serviços
- Gerenciamento de hierarquia plana com relacionamentos entre superiores e subordinados frouxos

Fábrica de serviços
- (baixa mão de obra/baixa interação e personalização)

Loja de serviços
- (baixa mão de obra/baixa interação e personalização)

Serviços de massa
- (baixa mão de obra/baixa interação e personalização)

Serviço profissional
- (alta mão de obra/alta interação e personalização)

Desafios para gerentes (alta intensidade de trabalho)
- Contratação
- Treinamento
- Desenvolvimento e controle de métodos
- Bem-estar dos funcionários
- Agendamento de forças de trabalho
- Controle de localizações geográficas distantes
- Arranque de novas unidades
- Gerenciando o crescimento

Fonte: Schmenner, 1986, p. 25.

Como podemos perceber, os gestores de serviços compartilham desafios semelhantes. Serviços com alta necessidade de capital e baixa intensidade de trabalho, como companhias aéreas e hospitais, exigem monitoramento próximo dos avanços tecnológicos para se manterem competitivos. Alternativamente, os gestores de serviços de mão de obra intensiva, como médicos ou advogados, devem concentrar-se em questões de pessoal (Bordoloi; Fitzsimmons; Fitzsimmons, 2019).

Síntese

Neste curto capítulo, retomamos novamente as diferenças entre produto e serviço. Apesar de os termos serem usados como sinônimos em muitas teorias, eles apresentam diferenças consideráveis no dia a dia. Também, abordamos a importância da participação dos clientes na execução dos serviços. Por fim, discutimos de que maneira os gestores podem agir para alavancar o desempenho de suas organizações por meio da promoção de pessoal em vários áreas do setor de serviços.

No próximo capítulo, estudaremos como administrar as falhas que podem ocorrer na prestação dos serviços e como essa correção, feita de maneira rápida e eficiente, pode aumentar a percepção de qualidade dos clientes.

Questões para revisão

1. Com relação às diferenças entre serviços e produtos, marque V para assertivas verdadeiras e F para as falsas.
   ( ) Produtos são sempre tangíveis, e serviços são intangíveis.
   ( ) Serviços são inseparáveis do provedor de serviços. É possível dizer o mesmo dos produtos.
   ( ) Produtos e serviços são perecíveis.
   ( ) Produtos são mais fáceis de ser padronizados.

   A seguir, assinale a alternativa que apresenta a sequência correta:

   a) F, F, V, V.
   b) V, V, F, F.
   c) V, F, F, V.
   d) V, F, V, F.
   e) F, F, F, V.

2. Assinale a alternativa que apresenta o principal meio pelo qual os consumidores passaram a contratar serviços sem a necessidade de contato direto com o fornecedor/funcionário:
   a) Mala direta.
   b) Internet.
   c) Redes sociais.
   d) Correios.
   e) Entregas.

3. Assinale a alternativa que diz respeito a fornecer ao cliente a possibilidade de ser mais autônomo na utilização de um serviço, principalmente por meio da internet, de maneira rápida e instantânea:
   a) Empoderamento dos clientes.
   b) Necessidade dos clientes.
   c) Problemas dos clientes.
   d) Dificuldade dos clientes.
   e) Dúvidas dos clientes.

4. Como clientes, qual é o retorno que, mesmo inconscientemente, esperamos em troca da nossa "participação" na execução dos serviços? Por exemplo: pegar a própria comida, limpar a própria mesa e descartar o próprio lixo?

5. Qual é a principal consequência de se estimular a participação dos clientes na execução dos serviços prestados?

Questão para reflexão

1. Você consegue se lembrar de algum serviço que utiliza frequentemente e que se vale do cliente como parte integrante? Explique brevemente como isso ocorre.

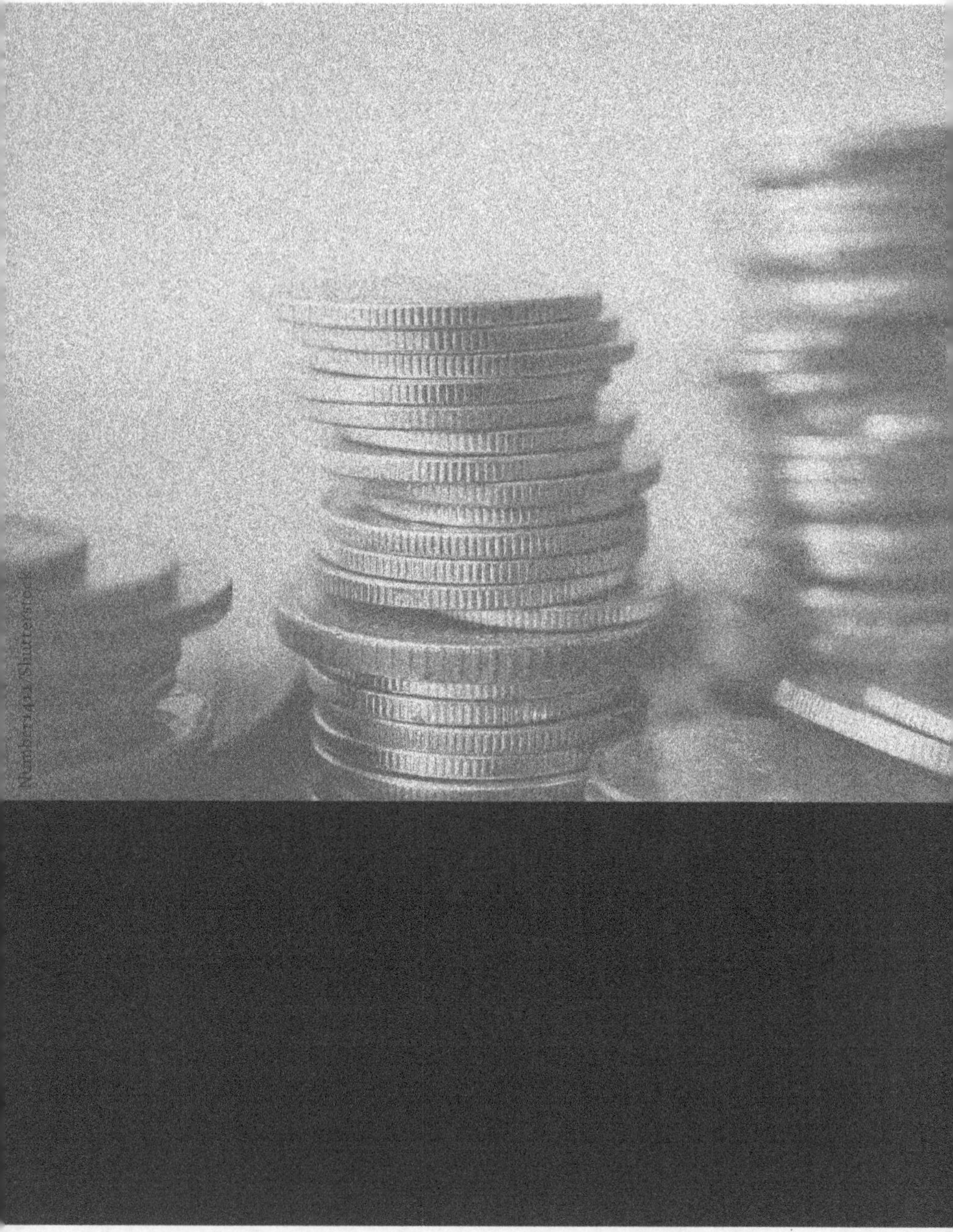

Number1411/Shutterstock

5

Atuação corretiva da gestão, gestão do comportamento e falhas na prestação do serviço

Falhas na prestação dos serviços são mais comuns do que podemos imaginar, principalmente em razão de sua complexidade. Todavia, algumas falhas podem ser perfeitamente evitáveis, em especial aquelas relacionadas aos comportamentos equivocados.

Karl Albrecht foi, junto de seu irmão, fundador da rede de supermercados Albrecht-Discount (Aldi), uma das maiores da Alemanha. A trajetória empreendedora no setor de serviços o prestigiou a ser respeitado também na comunidade acadêmica, por meio da publicação de livros e artigos.

5.1 Atuação corretiva da gestão

Em uma de suas obras, Albrecht (1992) listou o que chamou de sete pecados de um prestador de serviços:

1. **Apatia:** refere-se à ausência do mínimo entusiasmo. Na prática, isso se mostra quando um colaborador trata um cliente com exagerada frieza, sem demonstrar nenhuma satisfação pela presença deste. Nesse cenário, o consumidor tende a entender isso com desdém e, por vezes, sente-se ofendido.

2. **Rejeição ou má vontade**: tentar livrar-se do cliente o mais rapidamente possível, desprezando-o. Ocorre quando o funcionário não está preocupado em ajudar a resolver o problema do consumidor.
3. **Frieza**: demonstração de indiferença dos funcionários em relação aos clientes, que evidenciam não se importarem com o que o consumidor realmente deseja. Há um distanciamento social entre as partes.
4. **Ar de superioridade**: acontece quando há um exagero na demonstração dos conhecimentos técnicos, dando ao cliente a impressão de superioridade. Acompanha uma linguagem corporal um pouco "arrogante" por parte do colaborador. Evidentemente, o conhecimento técnico do funcionário deve ser alto, mas nunca associado a uma postura arrogante e a um olhar "de cima para baixo".
5. **Robotismo**: comportamento engessado, robótico por parte do colaborador. Em muitos casos, essa postura resulta de exigências exageradas por parte da gestão em padronizar os processos de atendimento. Como já mencionamos, certo grau de padronização pode ser positivo na prestação de serviços, mas não podemos nos esquecer de que estamos falando de relações pessoais e subjetivas, e não de máquinas.
6. **Falta de autonomia**: o famoso "empurra-empurra". Refere-se a situações em que, motivados pela falta de autonomia (ou pela má vontade), funcionários ficam "passando" o cliente para outros colaboradores ou setores, sem de fato resolver o problema.
7. **Normas excessivas**: dizem respeito ao apego demasiado às normas da empresa. É importante ressaltar que em nenhum momento incentivamos a desobediência, mas ressaltamos que as regras organizacionais devem prever situações incomuns, as quais podem exigir que os funcionários "quebrem as regras". Por exemplo: atender clientes problemáticos. Se, nesse cenário, perceber-se que o funcionário quebrou uma regra organizacional movido pela

boa intenção de resolver um problema especial e específico, isso deve ser contemporizado e exaltado pelo empregador.

Perceba que todos esses itens se referem, majoritariamente, a questões comportamentais que, muitas vezes, fogem do controle da organização e, portanto, são de responsabilidade dos próprios colaboradores, que respondem a elas com base em seus perfis pessoais. O próprio Albrecht (1992) sugere o exercício da empatia como antídoto para os problemas citados. Para ele, as organizações bem-sucedidas se esforçam para enxergar a empresa pelo ângulo dos clientes. A gerência do serviço deve criar uma estratégia centrada no cliente, colocando-o no centro do processo, e não apenas envolvendo-o no final de tudo. Para que essa estratégia renda bons frutos, o autor sugere a utilização da teoria dos 8 Ps, sendo eles:

1. **Produto:** diz respeito a levantar todos os componentes do serviço que tenham valor para os consumidores. Por vezes, o valor do cliente não está no final da execução do serviço, e sim no meio.
2. **Praça:** refere-se ao lugar e ao tempo em que o serviço é ofertado. Serviços bons oferecidos fora de hora e de local tendem a serem vistos como de baixa qualidade.

Por exemplo: tempos atrás, uma grande operadora de telefonia resolveu oferecer seus serviços por meio de vendedores sentados em guarda-sóis nas calçadas do bairro em que resido. Um deles, para minha "sorte", resolveu instalar-se justamente na porta do prédio em que moro. Resultado, todas as vezes em que chegava ou saía de casa, era abordado pelo vendedor. Perceba que, em nenhum momento, coloquei em xeque a qualidade do serviço ou a educação e o respeito ao profissional que ali estava, mas você concorda que o momento e o local em que o serviço me foi oferecido não eram os mais adequados? A consequência disso, após meros dois dias, é que alguns moradores já estavam tratando o vendedor com agressividade diante da insistência dele em permanecer na entrada do edifício.

3. **Processo:** apesar de ser interno à organização, vale muito a pena envolver os clientes nos processos do serviço. Isso ajuda a antecipar eventuais problemas e a alinhar os serviços às expectativas do consumidor.
4. **Produtividade:** relaciona-se ao grau de eficácia com que os insumos do serviço são transformados em valor percebido pelos clientes, os quais, por sua vez, têm seus desejos e suas expectativas atendidas.
5. **Pessoas:** dizem respeito aos funcionários e clientes envolvidos no processo do serviço. Envolver os clientes no desenvolvimento dos serviços pode ser um diferencial competitivo muito significativo.
6. **Promoção:** todas as ações voltadas para o aumento do interesse do cliente sobre algum serviço.
7. **Percepção:** refere-se às evidências físicas (tangíveis) que podem denotar a qualidade percebida pelos clientes.
8. **Preço:** corresponde ao alinhamento entre o preço de um serviço e o respectivo valor percebido pelo cliente.

5.2 Comportamento dos consumidores de serviços: gestão do comportamento

Quando nos atentamos a analisar o comportamento dos consumidores, normalmente nos dedicamos a estudá-lo durante o uso de determinado serviço. E isso é ótimo, naturalmente. Mas sabia que entender o comportamento dos potenciais clientes quando eles não estão utilizando algum serviço também pode ser fundamental.

Sob essa ótica, a seguir, conheceremos o caso de Pedro, personagem fictício que representa a rotina de muitos de nós. Repare, com atenção, quantos detalhes essa história nos mostra e que podem ser importantes para uma organização conhecer seus clientes: o horário em que cada serviço é usado, o motivo de sua utilização, o temperamento e o humor do cliente, o tempo disponibilizado, entre outras informações importantes.

5.2.1 Estudo de caso: Pedro, um consumidor de serviços

Pedro é um típico morador de uma cidade grande – especificamente, Curitiba (PR). Acorda todo dia às 6h, toma o café correndo, preparado pela Dona Rose, empregada doméstica da família há mais de 20 anos. Dá um beijo na esposa e na filha pequena e sai de casa, já se preparando psicologicamente para enfrentar alguns bons minutos no trânsito. Todavia, antes de sair da garagem do prédio onde mora, cumprimenta todos os empregados: zelador, faxineiro, porteiro e segurança.

Depois de dirigir por algum tempo, estaciona na rua e paga o Estar (sistema de pagamento para a utilização de vagas nas principais ruas de Curitiba). A manhã passa, e Pedro se prepara para a hora do almoço. Como um profissional de negócios e com uma rotina muito corrida, ele aproveita esse momento para resolver algumas pendências. Passa no RH da empresa e entrega documentos que foram solicitados, conversa sobre alguns projetos futuros com colegas de outras áreas, além de fazer algumas outras coisas fora da empresa, como ir ao banco, ao cartório e pesquisar alguns preços de estacionamentos privados na região de seu emprego. Almoça com uma colega em um *fast-food* na praça de alimentação de um *shopping*, em razão da demora de outros restaurantes em atendê-lo. Por conta disso, já passa a imaginar o que terá para o jantar e resolve ligar de seu *smartphone* para a Dona Rose, pedindo a ela que lhe prepare uma comida caseira deliciosa.

Ao final do dia, sabendo que um feriado está próximo e que logo será seu aniversário de casamento, Pedro resolve "dar um trato" no visual e passa na barbearia do bairro. Chegando lá, é recebido de maneira atenciosa, como sempre, mas o barbeiro avisa que está um pouco atrasado em virtude de alguns encaixes que teve de fazer. Por isso, estará disponível para o atendimento dentro de 30 minutos. Pedro avalia que vale a pena aguardar para ser atendido pelo profissional de sua preferência e aproveita o tempo para renovar, pelo *smartphone*, sua assinatura de um serviço de *streaming*, comprar um presente para a esposa por uma loja de varejo *on-line* e navegar pelo aplicativo do banco para verificar como andavam os investimentos.

Meia hora depois, o barbeiro o atende. Pedro sai feliz com o resultado e com a barbearia em geral, tanto que tece elogios à decoração, ao ambiente e à música de fundo que tocava no ambiente.

A história de Pedro retrata a rotina de muitas pessoas. Mas você reparou na quantidade de serviços diferentes que foram relatados nessa breve história? Será que é possível identificar os motivos que fizeram Pedro utilizar cada um dos serviços presentes no relato? Compreender o comportamento do consumidor diante da aquisição (ou não) de um serviço é fundamental para as organizações prestadoras. Contudo, isso não é tão simples quanto parece, e a sua dedicação para cada um dos pontos que serão apresentados a seguir pode definir o sucesso de uma venda.

O consumo de serviços se desenvolve por meio de três fases principais: pré-compra, encontro de serviço e pós-encontro. Para deixar claro como tais etapas se desenrolam, usaremos a teoria desenvolvida por Lovelock, Wirtz e Hemzo (2011), representada na Figura 5.1, a seguir:

Figura 5.1 – As três fases do consumo de serviços

Serviços de alto contato	Serviços de baixo contato	Três fases	Principais conceitos
Podem-se visitar locais físicos, observar (+ opções de baixo contato)	Navegar pela *web*, folhear as páginas amarelas, telefonar	1. Fase pré-compra Conscientizar-se da necessidade Buscar informações ❖ Esclarecer necessidades ❖ Explorar soluções ❖ Identificar serviços e fornecedores alternativos Avaliar alternativas (soluções e fornecedores) ❖ Examinar informações de fornecedores (folhetos, anúncios publicitários, sites) ❖ Examinar informações de terceiros (por exemplo, avaliações publicadas, classificações, comentários na internet, blogs, reclamações a órgãos públicos, pesquisas de satisfação, prêmios) ❖ Discutir opções com equipe de atendimento ❖ Obter recomendações e *feedback* de consultores e outros clientes Decidir comprar o serviço e frequentemente fazer reserva	Despertar da necessidade Conjunto evocado Atributos de busca, experiência e credibilidade Risco percebido Geração de expectativas ❖ Nível de serviço desejado ❖ Nível de serviço previsto ❖ Nível de serviço adequado ❖ Zona de tolerância
Pode-se visitar pessoalmente e observar (talvez testar) equipamentos e operações em ação; fazer contato com funcionários e clientes (+ opções remotas)	Principalmente contato remoto (*sites*, *blogs*, telefone, e-mail, publicações)		
No local físico (ou reserva remota)	Remoto		
No local físico somente	Remoto		
		2. Fase de encontro de serviço Solicitar serviço do fornecedor escolhido ou iniciar autosserviço (pagamento pode ser antecipado ou faturado posteriormente) Entrega por funcionários ou autosserviço	Momentos de verdade Encontros de serviço Sistema *servuction* Teorias de papéis e roteiro Metáfora teatral
		3. Fase de pós-encontro Avaliar o desempenho do serviço Futuras intenções	Confirmação/não confirmação de expectativas Insatisfação, satisfação e encantamento Recompra Boca a boca

Fonte: Lovelock; Wirtz; Hemzo, 2011, p. 47.

Agora, vamos detalhar cada uma das etapas apresentadas na figura.

❖ **Fase 1: pré-compra**
De acordo com Lovelock, Wirtz e Hemzo (2011), essa etapa consiste em quatro fases:

1. Conscientização da necessidade: a decisão de adquirir (ou não) um serviço é gerada pela necessidade básica do cliente ou pela sensação de necessidade do consumidor. A necessidade é percebida quando há um desalinhamento entre o contexto atual do cliente em relação a uma situação desejada ou que ele gostaria que acontecesse. Por exemplo, no relato da rotina de Pedro, provavelmente ele identificou a necessidade de se dirigir a uma barbearia ao se olhar no espelho e perceber que sua aparência (contexto atual) não estava condizente com a imagem que ele gostaria de ter (situação desejada).
2. Busca de informações: a partir do momento em que a necessidade passa a ser consciente (etapa anterior), o indivíduo começa a buscar possíveis soluções para atendê-la, contemplando a possibilidade de escolher uma entre diversas abordagens. Por exemplo: se sua casa necessita de reparos na pintura, você pode tanto alugar equipamentos e fazer você mesmo quanto contratar uma equipe para prestar esse serviço.
3. Avaliação de alternativas: municiado das informações importantes sobre as possibilidades, o cliente passa a avaliar as possíveis alternativas. Os critérios para essa avaliação são muito subjetivos e individuais, pois têm como consequências diferentes percepções de valor. Todavia, a seleção deve ser feita com muita consciência. É aqui que se decide se vai ou não contratar um ou outro serviço. Além da subjetividade, grande parte dos serviços só é passível de avaliação após acontecerem, quando já não há mais possibilidade de arrependimento ou troca.

4. Tomada de decisão de compra: após a comparação de todas as alternativas possíveis com base no desempenho, preço, risco, prazo etc. e do alinhamento das expectativas prévias, o consumidor escolhe a opção que melhor se enquadra e contrata o serviço, iniciando o primeiro encontro.

❖ Fase 2: encontro com o serviço

Após as etapas da fase de pré-compra terem sido cumpridas, é chegada a hora da verdade: a fase de encontro com o serviço. É aqui que o consumidor experimenta, consome e "vive" o serviço. Imediatamente, iniciando-se essa fase, começa o alinhamento entre a expetativa inicial do consumidor e a realidade que se apresenta.

Essa é a fase de maior interação entre o prestador e o cliente. Trata-se de um momento muito importante, pois diversos alinhamentos ainda podem ser feitos para alinhar as expectativas entre as partes. A comunicação entre os interlocutores se torna fundamental nessa etapa (assim como na anterior).

Alguns serviços podem ter a fase de encontro muito breve – por exemplo, tirar algumas cópias de um documento em uma papelaria. Outros podem desenrolar-se durante meses (uma empreiteira trabalhando em sua casa), tornando ainda mais fundamental a comunicação entre as partes.

Aqui vale ressaltar um ponto. Embora o alinhamento de expectativas seja mais evidente na fase de pré-compra, colocando a comunicação como ponto fulcral também para a escolha do serviço a ser experimentado, isso não exclui a necessidade de tal alinhamento se manter na fase de encontro com o serviço. Principalmente em serviços que se desenrolam por um período mais longo de tempo, a comunicação e o consequente alinhamento de expectativas devem continuar ocorrendo entre as partes. Não limite esses itens apenas à fase anterior. Por exemplo: não queremos imaginar que você, leitor, contrate uma empreiteira para reformar sua casa durante seis meses e não mantenha com ela um contato constante para verificar como o trabalho está sendo executado e alinhar o que for necessário durante esse período. Note que essa ação independe da credibilidade ou da competência da empresa prestadora do serviço. Trata-se de um comportamento quase "natural" do consumidor.

❖ **Fase 3: pós-encontro**
A terceira e última fase se caracteriza pela finalização da prestação do serviço e consequente avaliação pelo consumidor. Entenda *avaliação* como a efetividade do alinhamento entre a expectativa inicial e o valor percebido após o término do serviço prestado.

Essa etapa consiste na avaliação do desempenho do prestador do serviço. A partir dessa avaliação, o consumidor deixará explícitas suas intenções futuras quanto ao serviço que acabou de experimentar. Eventuais indicações, reclamações e elogios estarão presentes nessa fase. A esse respeito, a lealdade e a fidelização podem (ou não) surgir por parte do consumidor em relação à empresa prestadora do serviço.

Lovelock, Wirtz e Hemzo (2011) ressaltam que o desenrolar dessas fases pode ser afetado pelo grau de contato entre prestador e consumidor, mostrado nas colunas à esquerda na Figura 5.1. Entenda por *contato* o nível de interação entre as partes envolvidas. Serviços de **alto contato** se caracterizam quando se pode "vivenciar" o serviço, acompanhar os equipamentos funcionando ou fazer contato direto com os profissionais prestadores do serviço. Por seu turno, serviços de **baixo contato** acontecem quando a relação consumidor-prestador ocorre remotamente via *web*, por telefone, mediante aplicativos ou algo do gênero.

5.2.2 Posicionamento no mercado como fator decisivo para a qualidade

Um aspecto importante e extremamente relacionado à percepção de qualidade de um serviço é o posicionamento dele no mercado. Competitividade do setor, concorrência, homo ou heterogeneidade do público-alvo são algumas das variáveis que interferem nesse posicionamento da empresa.

À medida que a concorrência se intensifica, torna-se mais importante para as organizações diferenciar seus serviços a fim de atrair mais consumidores. Isso é especialmente importante se a organização pretende prestar serviços em setores em que já há muitas empresas atuando, como operadoras de crédito, seguradoras e instituições de ensino, por exemplo. Nesse sentido, é preciso um posicionamento quase cirúrgico no mercado, sob pena de ser "engolido" pelos concorrentes consagrados.

5.2.2.1 Estudo de caso: o posicionamento da Azul Linhas Aéreas

Há alguns anos, o setor de transporte aéreo brasileiro era dominado por empresas gigantes, como TAM e GOL. Ambas abarcavam quase a totalidade do mercado e das disputadíssimas linhas aéreas entre as grandes cidades brasileiras e internacionais. Nessa época, qualquer um entendia como muito difícil uma empresa menor conseguir estabelecer-se sem ser cruelmente vencida pelas duas gigantes. Mas, aos poucos, a Azul, uma empresa até então pequena, começou a ganhar mercado.

No início, sabendo da desvantagem óbvia em relação às concorrentes, ela optou por um posicionamento de mercado interessante: investir no mercado em que as empresas maiores não tinham interesse comercial. A Azul sabia que, se tentasse competir de imediato com as duas maiores, seria suicídio. Com aviões menores e atendendo pontes aéreas poucos usuais, ligando cidades pequenas e outras do mesmo tamanho, a organização começou a se estabelecer nesse mercado.

Com esse posicionamento bem estabelecido, a companhia aérea começou a ser a mais lembrada quando algum potencial cliente precisava deslocar-se para cidades menores. Aos poucos, já com a marca mais conhecida e a qualidade reconhecida, a Azul passou a aumentar seu mercado, concorrendo diretamente com outras organizações aéreas que eram, até pouco tempo, muito maiores do que ela.

Percebeu como o posicionamento correto no mercado faz muita diferença? Evidentemente, qualidade e inovação continuam sendo aspectos cruciais, mas, por vezes, não são suficientes para fazer uma empresa se manter no mercado. É preciso dar o tiro no centro do alvo.

Sob essa ótica, o posicionamento de mercado deve voltar-se a criar e manter um público-alvo por meio de aspectos que, *a priori*, estejam alinhados aos desejos, aos anseios e às expectativas desse público, objetivando a fidelidade e a relação a longo prazo.

5.2.3 Como identificar o público?

Uma das maiores dificuldades em conseguir posicionar os serviços no mercado diz respeito à identificação do público-alvo. Lembre-se de que, quanto mais você conhecer seu público, mais informações sobre as expectativas dele você reunirá e, assim, conseguirá alinhar seus serviços a esses desejos, aumentando as possibilidades de que os clientes percebam tais serviços como de alta qualidade. Para isso, Trout (1997) estabeleceu três ações fundamentais: definir o segmento de atuação; estabelecer os atributos dos serviços; e, por fim, promover o posicionamento em si.

5.2.3.1 Estabelecer o segmento

Um segmento de mercado é composto por um grupo de potenciais clientes com características em comum (comportamentos e necessidades, por exemplo). Trata-se, portanto, de uma fatia do mercado que a empresa escolhe para ser a representação de seu público-alvo.

5.2.3.2 Definir os atributos

A definição dos atributos diz respeito a informações-chave para o desenvolvimento e a execução do serviço. Sem tais dados, dificilmente uma organização consegue estabelecer diretrizes estratégicas para seus serviços. Algumas questões que podem colaborar com a definição dos atributos são as seguintes:

- ❖ Qual é a finalidade do serviço? Qual problema do cliente o serviço visa resolver?
- ❖ Quem toma decisões e como é o processo decisório da compra de determinado serviço?
- ❖ Em que momento o serviço é utilizado (hora, turno, dias, meses, períodos, estações etc.)?

❖ Como o serviço é utilizado (individualmente, em grupos ou ambos) e qual é a composição do grupo (idade, sexo, renda etc.)?

5.2.3.3 Posicionar a marca

Depois de estabelecer o segmento, o público-alvo e os atributos do serviço, é possível posicionar a marca e os respectivos serviços no mercado. Nesse sentido, Trout (1997) definiu quatro princípios básicos para o posicionamento de uma prestadora de serviços:

1. **Ocupar uma posição na mente dos clientes-alvo**: sempre se preocupe em se manter na lembrança dos clientes, principalmente se o serviço que você presta é de uso esporádico. Para tal, ações direcionadas de marketing costumam ser a solução.
2. **Transmitir uma mensagem simples e consistente**: uma comunicação simples e direta costuma ter mais efeito positivo do que mensagens complexas.
3. **Destacar a empresa em relação aos concorrentes**: reflita constantemente sobre os diferenciais de organização em relação aos concorrentes. O que leva os clientes a lhe procurarem em detrimento de outras possibilidades?
4. **Concentrar esforços no que você é realmente bom**: não tente "abraçar o mundo" ou resolver os problemas de todas as pessoas. Na prática, fazer um pouco de tudo e não fazer nada é quase a mesma coisa. Por isso, centre-se em sua especialidade e deixe claro para seu segmento quais são seus pontos fortes.

Tais princípios aplicam-se a qualquer tipo de organização que esteja competindo por clientes, e entendê-los é fundamental para desenvolver uma postura competitiva eficaz.

5.2.3.4 Ferramenta de diagnóstico para posicionamento

O questionário a seguir (Figura 5.2) proposto por Lovelock, Wirtz e Hemzo (2011), sugere algumas questões que devem ser constantemente analisadas pelos gestores de serviço. É por meio dessas reflexões que a organização conseguirá posicionar seus serviços no mercado, de modo a promover as chances de sucesso.

Figura 5.2 – Questionário proposto por Lovelock, Wirtz e Hemzo

1. Fornece uma ferramenta de diagnóstico útil para definir e entender as relações entre produtos e mercados:
   * Como o produto se compara com ofertas concorrentes no que diz respeito a atributos específicos?
   * Como o desempenho do produto atende às necessidades e expectativas do consumidor nos critérios específicos de desempenho?
   * Qual o nível previsto de consumo para um produto com determinado conjunto de características de desempenho oferecido a um determinado preço?
2. Identifica oportunidades de mercado para:
a. Introduzir novos produtos.
   * Quais segmentos visar?
   * Quais atributos oferecer em relação à concorrência?
b. Redesenhar (reposicionar) produtos existentes.
   * Atrair os mesmos segmentos ou segmentos novos?
   * Quais atributos acrescentar, descartar ou mudar?
   * Quais atributos enfatizar na propaganda?
c. Eliminar produtos que:
   * Não satisfaçam às necessidades do consumidor.
   * Enfrentem concorrência excessiva, sem diferenciais competitivos.
3. Toma outras decisões de mix de marketing para se antecipar ou reagir às manobras de concorrentes:
a. Estratégias de distribuição.
   * Onde oferecer o produto (localizações, tipos de pontos de venda)?
   * Quando disponibilizar o produto?
b. Estratégias de apreçamento.
   * Quanto cobrar?
   * Que procedimentos de cobrança e pagamento adotar?
c. Estratégias de comunicação.
   * Qual público-alvo é mais fácil convencer de que o produto oferece vantagem competitiva em atributos que são importantes para ele?
   * Qual(is) mensagem(ns)? Quais atributos devem ser enfatizados e quais concorrentes (se houver algum) devem ser mencionados como base de comparação?
   * Quais canais de comunicação: venda pessoal ou diferentes mídias de propaganda? (Selecionadas não apenas pela capacidade de transmitir a(s) mensagem(ns) escolhida(s) ao(s) público(s)-alvo, mas também por reforçar a imagem desejada do produto.)

Fonte: Lovelock; Wirtz; Hemzo, 2011, p. 86.

A ideia central de Charles Darwin (2011) é: não são as espécies mais fortes que sobrevivem, nem as mais inteligentes, mas aquelas mais adaptáveis às mudanças. Essa sentença proporciona uma analogia perfeita ao nosso próximo assunto. A referência de Darwin às *espécies* pode muito bem ser substituída por *organizações* e ter seu sentido mantido. Logo, a sobrevivência das organizações está intimamente ligada à capacidade de adaptação às mudanças de mercado, econômicas e de comportamento dos consumidores. Sobre isso, a seguir, apresentaremos diversos aspectos, preconizados por Bordoloi, Fitzsimmons e Fitzsimmons (2019).

5.2.4 Psicologia ambiental e orientação

A orientação no espaço é a primeira necessidade comportamental de um indivíduo ao adentrar um local físico. É fundamental que, em breves segundos depois disso, o consumidor já receba algumas informações que respondam às seguintes perguntas: Onde estou? Como essa organização funciona e o que eu faço a seguir?

Esses dois questionamentos representam a orientação de local e sua função, respectivamente. Evidentemente, cada pessoa tem um tempo diferente para buscar intuitivamente as respostas para tais perguntas. Todavia, independentemente das diferenças individuais, poucos segundos já são suficientes para que a percepção da qualidade de determinado serviço possa começar a decair. Sensações de ansiedade e de desamparo poderão ocorrer se as pistas espaciais não estiverem presentes ou se a experiência anterior do cliente não puder ser usada para evitar uma eventual desorientação, momentânea ou não.

Ainda, Bordoloi, Fitzsimmons e Fitzsimmons (2019) salientam que, ao entrarem em um ambiente físico, os clientes se sentem no controle quando podem usar pistas espaciais (referentes ao espaço físico) que, em conjunto com a experiência anterior, ajudam a identificar onde estão, para onde devem ir e o que precisam fazer.

A instalação de um projeto físico que leve em consideração a experiência anterior do cliente, a legibilidade do projeto (facilidade de o indivíduo "entender" o projeto do local) e a implantação de aspectos que possam auxiliar a orientação podem reduzir significativamente as desorientações. Para termos uma ideia melhor sobre a importância desse aspecto na percepção da qualidade dos consumidores, as organizações franqueadoras chegam a criar uma "fórmula" para suas instalações físicas. Na prática, significa que qualquer investidor que pense em ter uma franquia de determinada marca deve, invariavelmente, obedecer às rígidas regras que regem a montagem do espaço físico. Uma evidência disso é que, ao visitar lojas de uma mesma franquia em qualquer lugar do mundo, você verá, necessariamente, as mesmas (ou muito próximas) características físicas. O objetivo dessas "fórmulas" é eliminar a ansiedade da desorientação, a fim de que os clientes saibam exatamente o que fazer (Bordoloi; Fitzsimmons; Fitzsimmons, 2019).

Conforme exposto por Bordoloi, Fitzsimmons e Fitzsimmons (2019), a rede de hotéis Holiday Inn levou esse conceito um passo adiante ao anunciar que o hóspede não encontrará nenhuma dificuldade em compreender como os serviços funcionam em nenhuma das dezenas de hotéis da rede. Essa ação visa capitalizar a necessidade de familiaridade para atrair clientes recorrentes. A empresa acredita que, quanto mais familiar (no sentido de "conhecido") for o ambiente para o hóspede, melhor ele se sentirá e maiores serão as chances de ele alavancar sua percepção pessoal de qualidade, promovendo a possibilidade de indicação de novos clientes.

Outro exemplo de Bordoloi, Fitzsimmons e Fitzsimmons (2019) relata que uma estratégia semelhante foi utilizada pela rede de hotéis Hyatt, a qual estabeleceu que suas instalações físicas (*layout*) deveriam permitir aos clientes ver tanto dentro quanto através do espaço. Assim, o *layout* de um hotel Hyatt usa um átrio interno que permite a visualização de todo o espaço, fazendo com que o conceito da marca seja identificado à primeira vista. Ainda, isso possibilita que os consumidores observem as ações de outras pessoas em busca de informações que possam guiar suas decisões comportamentais.

Bordoloi, Fitzsimmons e Fitzsimmons (2019) também consideram outros exemplos de ações voltadas à orientação dos clientes, tais como a localização estratégica de plantas e obras de arte, as quais podem servir como pontos de referência. Além disso, rotas de metrô e setas de conexão codificadas por cores representam um excelente uso de sinalização para auxiliar os visitantes e promover o fluxo do tráfego.

A esta altura, o leitor mais atento pode estar se perguntando: E os serviços prestados virtualmente, por um *site*, por exemplo, podem seguir as mesmas orientações? A resposta: Não só podem, como devem!

Apesar das evidentes diferenças técnicas e operacionais envolvidas na prestação de serviço *on-line* em comparação com o ambiente físico, os mesmos cuidados com a orientação dos consumidores devem ser tomados no ambiente virtual. Certamente, você já se frustrou por acessar algum *site* pouco intuitivo, em que muito tempo era necessário até conseguir acessar a informação que desejava. Essa sensação foi provocada por um ambiente desorganizado e mal orientado. Em contrapartida, *sites* com fácil navegação e com acesso fácil, além de ampliar a percepção de qualidade, podem aumentar significativamente o quanto de seu rico dinheirinho você gasta neles.

No próximo tópico, abordaremos a importância do ambiente de um serviço prestado de forma remota (*on-line* ou não), isto é, sem a presença direta de funcionários.

5.2.5 Ambiente do serviço

Para Bordoloi, Fitzsimmons e Fitzsimmons (2019), o ambiente físico influencia o comportamento do cliente e deve ser projetado com uma imagem e uma sensação que seja congruente com o conceito do serviço que está sendo prestado. Por conta da ausência de funcionários (ao menos diretamente), o ambiente do serviço para uma operação de autoatendimento desempenha um papel central na orientação do comportamento do cliente mediante o uso de sinalização (por exemplo, direção para o próximo brinquedo em um parque de diversões) e de um *design* intuitivo de interfaces (como botões de atalho em um *site* de *e-commerce*).

Para serviços prestados de modo remoto, como os clientes não visitam o local presencialmente, os principais objetivos da organização do projeto físico visam à satisfação, à motivação e à eficiência operacional dos funcionários. Esses aspectos ainda não contam com a devida atenção em muitas organizações que, na ânsia de atender aos desejos e às expectativas dos clientes, acabam não dedicando energia em deixar o trabalho dos funcionários mais eficiente por meio de uma orientação intuitiva que facilite a execução de suas atribuições.

A esse respeito, Bordoloi, Fitzsimmons e Fitzsimmons (2019) ressaltam que serviços profissionais, como escritórios de advocacia e consultórios médicos, devem projetar aos clientes competência e autoridade. Ambientes bem organizados, limpos e intuitivos aumentam a percepção de qualidade do serviço antes mesmo de este ser realizado (por exemplo: sala de espera do médico ou do advogado). É muito comum observarmos nas paredes desses locais diplomas técnicos, prêmios e quaisquer outros elementos que transmitam a qualidade e o conhecimento técnico do profissional que está atendendo, sempre em local bem visível aos clientes. Lembre-se de que a credibilidade do profissional (valor passado por esses itens) é um dos mais valiosos aspectos para o aumento da percepção da qualidade do serviço.

Os serviços interpessoais, que envolvem relações constantes entre clientes e funcionários e entre os próprios clientes, são os mais desafiadores. Nesses casos, o ambiente é fundamental para que essa interação ocorra de modo a aumentar a percepção de qualidade de todos os atores envolvidos. Para ilustrar esse caso, Bordoloi, Fitzsimmons e Fitzsimmons (2019) citam como exemplo a Disneylândia, conhecida em todo o mundo como um modelo de qualidade em serviços. O cenário de serviços da Disneylândia é famoso por criar uma experiência fantástica para os clientes e um palco para os funcionários.

A seguir, apresentamos duas imagens de restaurantes que mostram a importância do ambiente no contexto da qualidade dos serviços.

Figura 5.3 – A importância da imagem

Figura 5.4 – A imagem como propulsora da qualidade

Observe como as configurações da mesa, os móveis, a decoração do ambiente e até mesmo as roupas do cliente comunicam expectativas distintas para consumidores e funcionários. A seguir, explicaremos como esse tipo de ambiente pode disponibilizar inúmeras informações importantes para melhorar a percepção da qualidade do serviço, tanto sob a ótica da empresa quanto dos clientes. Além disso, compreenderemos de que maneira aspectos relacionados ao ambiente podem alterar/incentivar, inibir ou estimular comportamentos diversos de todos os envolvidos.

5.2.6 Comportamentos no ambiente de serviços

O ambiente físico em que o serviço é prestado deve refletir seus valores e ser capaz de permitir uma execução impecável das ações relacionadas. Sem externar nenhuma palavra sequer, um ambiente deve ser capaz de se comunicar por meio de mensagens bem claras com clientes e funcionários.

Por exemplo, você já teve a sensação, ao adentrar determinado espaço, que aquele ambiente lhe transmite segurança, satisfação, alegria, relaxamento, agitação, conveniência ou qualquer outra? Pois então, essa sensação, aparentemente totalmente subjetiva e intuitiva, é causada, em grande parte, por "mensagens" passadas pelo próprio ambiente. Naturalmente, nada disso terá efeito se o ambiente não ressaltar os objetivos da organização e canalizar tais mensagens para o que, de fato, precisa ser executado.

A Figura 5.5, a seguir, apresenta diversos aspectos relacionados ao ambiente e que podem, em maior ou menor grau, impactar a percepção da qualidade dos consumidores com relação ao serviço.

Figura 5.5 – Impacto do ambiente físico em clientes e funcionários

Dimensões ambientais	Ambiental holístico	Moderadores psicológicos	Respostas internas	Comportamento
Condições ambientais ❖ Temperatura ❖ Qualidade do ar ❖ Ruído ❖ Música ❖ Odor **Espaço/funções** ❖ *Layout* ❖ Equipamentos ❖ Mobília **Sinais, símbolos e artefatos** ❖ Sinalização ❖ Artefatos pessoais ❖ Estilos de decoração	Ambiente de serviços percebido	**Cognitivo** ❖ Crenças ❖ Categorização ❖ Significado simbólico **Emocional** ❖ Humor ❖ Atitude **Psicológico** ❖ Dor ❖ Conforto ❖ Movimento ❖ Ajuste físico	Respostas dos funcionários Respostas dos clientes	**Aproximação** ❖ Afiliação ❖ Exploração ❖ Ficar mais tempo ❖ Comprometimento Evitar (opostos de abordagem) Interações sociais entre clientes e funcionários ❖ Aproximação ❖ Atração ❖ Ficar/explorar ❖ Gastar dinheiro ❖ Retornar Evitar (opostos de abordagem)

Fonte: Bordoloi; Fitzsimmons; Fitzsimmons, 2019, p. 122.

Os autores foram extremamente felizes na estruturação dessa figura. A primeira coluna, à esquerda, representa os aspectos visuais que podem induzir ações específicas (a depender do interesse) dos consumidores. Tais comportamentos podem ser provocados pelas condições do ambiente (temperatura, barulhos etc.), pela funcionalidade do espaço (móveis, equipamentos) e por outros sinais ou símbolos (decoração, cores das paredes etc.). À junção dessas categorias, a autora deu o nome de *paisagem do serviço*. A resposta interna do funcionário ou cliente a essa "paisagem" pode variar, mas se espera que desencadeie um comportamento de abordagem, ou seja, de abertura positiva ao serviço que será prestado, total ou parcialmente, naquele local. Logicamente, ao ser mal estruturado, esse ambiente pode causar o efeito reverso e desencadear nos clientes a intenção de evitá-lo. Contudo, é importante salientar que os indivíduos são diferentes. Isso significa que o mesmo estímulo pode gerar sensações diversas.

Por exemplo, existem pessoas que gostam de ambientes com alto grau de excitação e procuram altos níveis de estimulação (por exemplo, uma discoteca brilhante e barulhenta), ao passo que há quem evite a excitação por preferir níveis mais baixos de estimulação (por exemplo, um museu silencioso) (Bordoloi; Fitzsimmons; Fitzsimmons, 2019). Essa preferência é moldada por atributos cognitivos, emocionais e fisiológicos. Cada um de nós tem uma combinação diferente desses aspectos, o que nos torna únicos. Evidentemente, entre os bilhões de habitantes do planeta, não é tão difícil encontrar padrões semelhantes em determinada sociedade, e é nesses padrões que as organizações devem embasar-se para desenvolver seus ambientes de serviço. Em suma, trata-se de conhecer os comportamentos do público-alvo da forma mais abrangente possível.

Esse ambiente de serviço descrito é projetado para incentivar a interação social entre clientes e funcionários. Sob essa ótica, Bordoloi, Fitzsimmons e Fitzsimmons (2019) salientam que um ambiente bem concebido encorajará um comportamento positivo tanto para funcionários (compromisso com a empresa) quanto para clientes (aumento dos gastos e chance de retorno e fidelização).

Para resumir, você deve ter percebido que o ambiente físico tem uma importância ímpar no desempenho de um serviço e deve ser abordado na estratégia das organizações prestadoras de serviços. Tal ambiente provoca uma resposta emocional e influencia o comportamento das pessoas envolvidas (funcionários e clientes).

Nesse sentido, o *design* do ambiente é capaz de moldar o comportamento dos participantes para alinhá-lo aos objetivos da organização. Assim, ambientes desagradáveis que também são de alta excitação (muita estimulação, barulho, confusão) devem ser evitados, a menos, logicamente, que seja esse o objetivo da organização (como um bar noturno ou uma danceteria, por exemplo).

A seguir, abordaremos com mais detalhes as condições ambientais apresentadas na figura anterior.

5.2.7 Dimensões ambientais das "paisagens" de serviços

As dimensões do ambiente físico de um serviço, conforme idealizado por Bitner (1992), incluem todos os aspectos que podem ser controlados pela empresa para melhorar as ações e percepções do serviço pelo funcionário e pelo cliente. A esse respeito, vale ressaltar um aspecto importante: embora a implementação desses aspectos possa ser controlada pela organização, ela não evita que ocorram diferentes percepções individuais. Além disso, em que pese o fato de que tais dimensões são discutidas independentemente, é fundamental perceber que as pessoas respondem aos seus estímulos de modo complexo e holístico (efeito combinado de todos os aspectos).

❖ Condições ambientais

As condições ambientais referem-se ao "pano de fundo" da organização. Aspectos como temperatura, ruídos, músicas e cheiros têm a capacidade de afetar todos os nossos cinco sentidos.

Nesse momento, o leitor pode estar se perguntando: Em que tais elementos alteram a percepção de qualidade do serviço?

Bordoloi, Fitzsimmons e Fitzsimmons (2019) explicam que o ritmo da música ambiente, por exemplo, pode afetar o ritmo de compras de um cliente, o tempo de permanência e a quantidade de dinheiro gasta. Imagine uma loja de conveniência em que, ao fundo, toca uma música "melancólica" que, via de regra, não se alinha ao gosto musical dos mais jovens. Essa iniciativa pode acabar afastando adolescentes que poderiam entrar na loja.

Outro exemplo: uma padaria pode deixar suas portas abertas a fim de estimular os clientes, por meio do aroma dos pães e dos doces, a consumirem seus produtos.

Esses dois exemplos, além de outros fatores, incluindo a cor do ambiente ou a iluminação, também influenciam o desempenho do funcionário e a satisfação no trabalho.

❖ *Layout* espacial e funcionalidade

A disposição de móveis e equipamentos e as relações entre eles criam uma paisagem visual e funcional para a entrega do serviço. Essa paisagem pode tanto comunicar para funcionários e clientes ordem e eficiência, caso seja bem feita, como caos e incerteza, se for inadequada. As fotos a seguir representam bem esse fenômeno.

Observe a primeira fotografia (Figura 5.6). Repare que não se trata de um ambiente muito agradável de se estar. Podemos identificar inúmeros problemas só de olharmos a imagem. Há poucas informações sobre os produtos (a loja parece ter tantas coisas que nos sentimos perdidos), sem distinção por categorias e sem espaço para a locomoção, entre outras dezenas de problemas que o leitor mais atento pode identificar.

Apesar de tais percepções (e constatações) serem totalmente subjetivas e individuais, possivelmente você não gostaria de passar muito tempo dentro desse local.

Figura 5.6 – Ambiente caótico

Lois GoBe/Shutterstock

Agora, veja a segunda fotografia (Figura 5.7). Repare no ambiente limpo, organizado, bem iluminado e de fácil movimentação, com produtos facilmente identificáveis, entre outros aspectos que não são possíveis de avaliar pela foto, como odores, por exemplo.

Você concorda que se trata de um ambiente muito mais atrativo do que o anterior? E o mais importante, o fato de ser mais atrativo torna as pessoas mais propensas a passar mais tempo dentro do estabelecimento, entrar mais em contato com os profissionais e, claro, gastar mais dinheiro no local, inclusive adquirindo produtos e serviços além daqueles que tinha em mente.

Figura 5.7 – Ambiente organizado

fiphoto/Shutterstock

Quando se trata de empresas que prestam serviços por meio de tecnologias de autoatendimento, esse assunto toma ainda mais importância. Bordoloi, Fitzsimmons e Fitzsimmons (2019) afirmam que, em atividades de autoatendimento, a funcionalidade ou a facilidade de uso do equipamento deixa de ser um aspecto somente importante e passa a ser fundamental. É unicamente a tecnologia que vai permitir aos clientes realizarem atividades autônomas.

Um exemplo clássico desse tipo de tecnologia é o *drive thru* das lanchonetes de *fast-food*. Praticamente, o único contato que o cliente tem com o serviço é feito por meio de uma tela de autoatendimento, a qual, se não atender aos princípios da instintividade do indivíduo, aumentará muito a sensação de frustação e, consequentemente, diminuirá a percepção de qualidade.

Com relação a isso, provocamos a seguinte reflexão: Não seria a comida o principal fator que vai influenciar a percepção de qualidade do local?

A resposta é: Não! Logicamente, em uma lanchonete, a comida tem papel fundamental nesse processo, mas se o estabelecimento condicionar o lanche a uma experiência prévia desagradável, como um serviço de *drive thru* mal feito, o cliente acabará desistindo de se alimentar no local antes mesmo de ter acesso à comida.

Mesmo dentro das lanchonetes, o ambiente deve continuar comunicando-se com os clientes: os menus devem ser colocados sobre as caixas registradoras, máquinas de bebidas *self-service* precisam ser posicionadas entre o balcão e as mesas e os recipientes de lixo devem estar localizados próximo às saídas, por exemplo.

❖ Sinais, símbolos e artefatos

Essa categoria está intimamente ligada à anterior, mas, nesse caso, abordaremos algo mais específico: os sinais, símbolos e artefatos que podem estimular/induzir comportamentos de clientes e funcionários. Bordoloi, Fitzsimmons e Fitzsimmons (2019) indicam que muitos itens no ambiente físico servem como sinais explícitos ou implícitos que comunicam normas de comportamento aceitáveis. Por exemplo, sinais explícitos, como uma placa que manifesta ser proibido fumar no local, comunicam regras de comportamento. Um sinal implícito, por sua vez, como a presença de lixeiras, pode encorajar que os clientes exerçam atos responsáveis, como jogar o lixo no local adequado. A qualidade do revestimento do piso, das obras de arte e do mobiliário também pode criar uma impressão estética interessante ao consumidor e um ambiente de trabalho agradável para o funcionário.

Podemos exemplificar esse aspecto com o exemplo de um restaurante chique. Já reparou que, em nosso subconsciente, acabamos relacionando a qualidade de um restaurante mais com o ambiente do que com a comida em si? Talheres rebuscados, toalhas de mesa caríssimas, quadros pelas paredes, fotos de personalidades que já passaram pelo local, entre outros. Todos esses símbolos nos passam a imagem de qualidade. E o mais interessante é que, por vezes, a comida não é tão boa quanto pensávamos.

Universidades localizadas mundo afora também podem servir como exemplo. Muitas passam uma imagem de ensino de qualidade mais por conta de aspectos como estrutura física, limpeza e grandes áreas do que necessariamente pela qualidade do corpo docente. Certamente, tais elementos são importantes, mas inconscientemente acabamos conferindo-lhes um valor exagerado.

Analisados os aspectos relacionados ao ambiente do serviço, é possível concluir que o ambiente físico pode assumir uma variedade de papéis estratégicos e operacionais em apoio ao conceito e à execução do serviço.

Em primeiro lugar, o ambiente do serviço fornece uma informação visual para a oferta de uma organização, induzindo o consumo de determinado serviço, por vezes até inconscientemente. As condições do ambiente de serviços criam um conjunto de informações capazes de sugerir uma qualidade relativa, o uso potencial e o segmento de público-alvo.

Por exemplo, considere o ambiente de uma loja do McDonald's. Apesar de, nos últimos tempos, a empresa estar revendo seu conceito e a imagem de suas lojas, vamos pensar no McDonald's clássico. Lembre-se das cores quentes (vermelho, alaranjado e amarelo), da iluminação excessiva, das mesas e cadeiras "semiconfortáveis", das lixeiras facilmente acessíveis e da figura do palhaço, seu personagem símbolo.

As cores quentes são instigadoras do apetite; o ambiente superiluminado e o mobiliário pouco espaçado e pouco confortável passam a seguinte mensagem: coma e saia rapidamente, pois não queremos que você ocupe nosso espaço por muito tempo; as diversas lixeiras servem para estimular os clientes a limpar a própria mesa após a refeição; e a figura do palhaço claramente tem apelo ao público infantil, foco da organização durante muitos anos (Bordoloi; Fitzsimmons; Fitzsimmons, 2019).

Em segundo lugar, o ambiente de serviço pode facilitar a orientação do cliente ao incorporar técnicas de "orientação" que as pessoas usam para se deslocar de um lugar para outro – por exemplo, como em um parque de diversões. Sob essa ótica, o ambiente deve estar repleto de sinalizações e de outras comunicações gráficas para auxiliar os consumidores a, mentalmente, elaborar um planejamento de fluxo lógico para sua movimentação. Essa orientação por meio de artifícios gráficos pode reduzir a ansiedade do cliente e melhorar a experiência geral do serviço, aumentando a percepção de qualidade (Bordoloi; Fitzsimmons; Fitzsimmons, 2019).

Em terceiro lugar, o ambiente do serviço também pode encorajar a interação social entre os clientes. Por exemplo, o *layout* de uma sala de espera com cadeiras agrupadas em torno de mesas incentiva a interação social e torna o tempo mais agradável.

Finalmente, o ambiente físico pode servir como um método sutil para incentivar e promover o comportamento e o trabalho dos funcionários. Todas as iniciativas que foram apresentadas para aumentar a percepção de qualidade do serviço por parte dos consumidores podem também ser aplicadas para o aumento da produtividade, da satisfação e da qualidade de vida dos funcionários (Bordoloi; Fitzsimmons; Fitzsimmons, 2019). Na literatura, não restam dúvidas de que colaboradores mais felizes produzem melhor e trabalham com mais afinco, o que certamente se reflete na percepção da qualidade dos serviços aos olhos do cliente.

5.3 FALHAS NA PRESTAÇÃO DO SERVIÇO

Depois de abordarmos todos os esforços que uma prestadora de serviços pode realizar para buscar o aumento da percepção da qualidade, precisamos analisar o outro lado da moeda. E se der tudo errado e as coisas não saírem como o planejado? Concorda que, se fosse tão "simples" implantar tudo isso que vimos, resolveríamos todos os problemas dessas organizações?

Mesmo com as melhores intenções voltadas para a qualidade, é normal que aconteçam algumas falhas no processo de prestação do serviço. O que fazer, então?

A seguir, apresentaremos algumas estatísticas publicadas por Fitzsimmons e Fitzsimmons (2014) sobre o comportamento de clientes insatisfeitos. Perceba que o principal motivo da perda dos clientes não é, de modo geral, a existência do problema, mas a incapacidade de as organizações resolvê-los rapidamente.

- ❖ A empresa média ouve apenas 4% de seus clientes que estão insatisfeitos com os produtos ou serviços. Dos 96% que não se preocupam em reclamar, 25% deles têm problemas sérios.
- ❖ Os 4% que reclamam têm mais probabilidade de permanecer com o fornecedor do que os 96% que não reclamam.

- Cerca de 60% dos reclamantes permaneceriam como clientes se o problema fosse resolvido e 95% permaneceriam se o problema fosse resolvido rapidamente.
- Um cliente insatisfeito contará para 10 a 20 outras pessoas sobre seu problema.
- Um cliente que teve um problema resolvido por uma empresa contará a aproximadamente 5 pessoas sobre sua situação.

Essas afirmações sugerem que uma resolução rápida para falhas na prestação do serviço é uma forma importante de gerar clientes mais fiéis. Como eles participam ativamente (em alguns setores mais, em outros menos) do processo de entrega de serviços, um funcionário atento, competente e bem capacitado em técnicas de recuperação de serviço pode transformar um desastre potencial em um cliente fiel (Fitzsimmons; Fitzsimmons, 2014).

Para isso, um caminho eficaz é investir na capacitação dos funcionários para não só fazer as coisas, mas também "consertar as coisas". Por exemplo, você já deve ter passado tempo esperando uma mesa para você e sua família em algum restaurante lotado. Acho que todos nós temos a percepção de que esse não é um momento agradável, principalmente pelo fato de sentirmos fome. Sabendo desse cenário não muito interessante, tem-se tornado bastante comum que restaurantes sirvam alguns aperitivos para os prováveis clientes.

Existem outros exemplos marcantes descritos como estudos de caso em diversas obras sobre o assunto. Um caso extremamente propagado quando esse assunto é abordado talvez seja o da FedEx, empresa de serviços logísticos com abrangência mundial. Diversos professores, palestrantes e estudiosos relatam esse caso em suas aulas ou palestras. É importante salientar que a FedEx nunca publicou essa história oficialmente. Todavia, o relato informal de funcionários que passaram pela empresa confere certa credibilidade à narrativa.

A história narra a saga de um funcionário da FedEx no Canadá que contratou um helicóptero para entregar uma encomenda a um cliente. A estrada para chegar a esse cliente estava obstruída pela neve, impossibilitando o acesso por terra. As altas despesas incorridas para realizar a operação (estima-se US$ 5.000,00) são meramente simbólicas quando comparadas com as possíveis histórias adversas de boca a boca que o problema poderia gerar. Esse ato "heroico" do funcionário acabou por se transformar em uma boa história sobre a companhia. Nessa cenário, podemos perceber que o treinamento de funcionários em abordagens de recuperação de serviço deve ser a primeira linha de defesa contra deserções e o boca a boca ruim.

A seguir, observe, na Figura 5.8, as fases de recuperação de um serviço:

Figura 5.8 – Fases de recuperação da qualidade do serviço

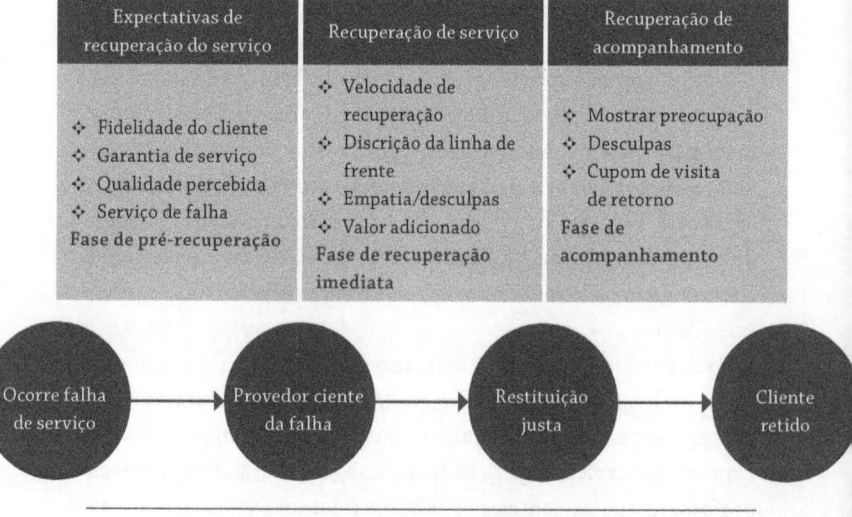

Expectativas de recuperação do serviço	Recuperação de serviço	Recuperação de acompanhamento
❖ Fidelidade do cliente ❖ Garantia de serviço ❖ Qualidade percebida ❖ Serviço de falha Fase de pré-recuperação	❖ Velocidade de recuperação ❖ Discrição da linha de frente ❖ Empatia/desculpas ❖ Valor adicionado Fase de recuperação imediata	❖ Mostrar preocupação ❖ Desculpas ❖ Cupom de visita de retorno Fase de acompanhamento

Ocorre falha de serviço → Provedor ciente da falha → Restituição justa → Cliente retido

Fonte: Miller; Craighead; Karwan, citados por Bordoloi; Fitzsimmons; Fitzsimmons, 2019, p. 172.

Após a ocorrência e a identificação de uma falha no serviço, mas ainda antes de o cliente tomar ciência disso, existe a fase de pré-recuperação, na qual as expectativas de recuperação do serviço do cliente são definidas e formadas por vários fatores: gravidade da falha, experiência anterior com a qualidade do serviço, fidelidade do cliente e garantia do serviço. Por exemplo, se o cliente está em um parque de diversões e começa a chover, ele já sabe que brinquedos a céu aberto, como a montanha-russa, fechem por tempo indeterminado. Mas, para não haver frustação, ele espera ser compensado de alguma forma, como por meio de um desconto na praça de alimentação.

Assim, a fase de recuperação imediata consiste em fornecer aos clientes uma recompensa justa pela falha ocorrida e exige que a equipe tenha iniciativa para garantir uma experiência agradável. A qualidade dessa recuperação está vinculada à empatia da equipe, à resposta apropriada, à velocidade de recuperação e à discrição da linha de frente. Uma recuperação de serviço bem executada pode resultar na retenção de clientes e no aumento da fidelidade, em decorrência da atenção dada aos consumidores (Bordoloi; Fitzsimmons; Fitzsimmons, 2019).

A seguir, examinaremos quatro abordagens distintas de que as empresas podem valer-se para recuperar os serviços após eventuais falhas.

5.4 Abordagens para a recuperação do serviço

Johnston e Hewa (1997) estabeleceram quatro abordagens para a recuperação dos serviços por parte dos prestadores após eventuais falhas: abordagem caso a caso; resposta sistemática; intervenção precoce; abordagens de recuperação de serviço substituto.

1. **Abordagem caso a caso**: como o nome induz, significa a abordagem de reclamação de cada cliente individualmente. Ela é barata é fácil de ser implementada, mas pode ser difícil de manter diante do alto grau de subjetividade e de padronização. A organização não pode cair no erro de atender apenas àqueles clientes que se colocam de maneira mais agressiva ou persistente e deixar de lado os mais ponderados. Caso isso aconteça, aumentará a percepção de

injustiça aos mais contidos, levando-os, por vezes, a se comportarem também de modo agressivo caso percebem maiores chances de êxito.
2. **Resposta sistemática**: resposta mais confiável que na estratégia caso a caso. Isso se deve ao fato de ser antecipada com base na identificação de pontos críticos de falha do serviço. Muitas organizações priorizam a resposta sistemática como estratégia principal e só utilizam a abordagem caso a caso se algum problema pouco usual sair do planejamento por não ter sido possível antecipar-se a ele.
3. **Intervenção precoce**: visa intervir e corrigir problemas de processo de serviço antes que afetem o cliente. Assim como na resposta sistemática, essa estratégia exige um levantamento minucioso de todo o processo do serviço em busca de pontos de falha. Só a partir disso é que se torna possível antecipar potenciais problemas.
4. **Recuperação de serviço substituto**: abordagem alternativa que visa capitalizar um eventual erro de uma empresa concorrente. Não é uma técnica fácil de ser implantada, pois necessita que a empresa conheça eventuais falhas da concorrente – ou seja, informações que não são fáceis de obter. Por exemplo: uma organização de transporte aéreo, ao identificar um cliente de outra empresa passando por algum problema (*overbooking*, por exemplo), antecipa-se à solução da empresa concorrente e consegue trazer esse cliente para si, dando-lhe uma alternativa por meio de seus serviços.

Síntese

Neste capítulo, abordamos um tema muito importante e que gera imensas dificuldades a prestadores de serviços mundo afora: a recuperação dos clientes após uma falha na prestação do serviço. Aprendemos que falhas são, por vezes, inevitáveis, portanto, ter um plano de ação para essas ocorrências é fundamental para a sobrevivência da empresa. Lembre-se de uma dica importante: o cliente até perdoa uma falha, mas o que ele normalmente não aceita é a falta de empatia ou de esforço em resolvê-la.

Questões para revisão

1. Em uma de suas obras, o empreendedor alemão Karl Albrecht listou os sete pecados de um prestador de serviços. Das opções a seguir, assinale aquela que não se enquadra nessa categoria:
   a) Apatia.
   b) Má vontade.
   c) Ar de superioridade.
   d) Conhecimento técnico.
   e) Robotismo.

2. Indique a alternativa que completa corretamente a lacuna na afirmação que segue: A teoria dos 8 Ps tem como objetivo principal a colocação dos _____ como ponto central no processo do serviço.
   a) fornecedores
   b) custos
   c) clientes
   d) processos decisórios
   e) concorrentes

3. Leia a definição a seguir, que se refere a um dos 8 Ps, e assinale a alternativa que indica a que ela se refere: "lugar e tempo em que o serviço é ofertado ao cliente".
   a) Praça.
   b) Processo.
   c) Produtividade.
   d) Pessoas.
   e) Promoção.

4. O preço é uma variável importante no processo decisório de compra de um serviço. A esse respeito, qual é o aspecto mais importante a ser analisado quanto ao preço?

5. No que consiste a fase de pré-compra, a primeira etapa do processo de compra de um serviço?

Questão para reflexão

1. Você conheceu a história de Pedro, a qual retratou a rotina de uma pessoa comum e os inúmeros serviços que ela utiliza em um dia normal. Você conseguiria construir sua história, relatando sua rotina e elencando quantos e quais serviços você utiliza em um único dia de sua vida?

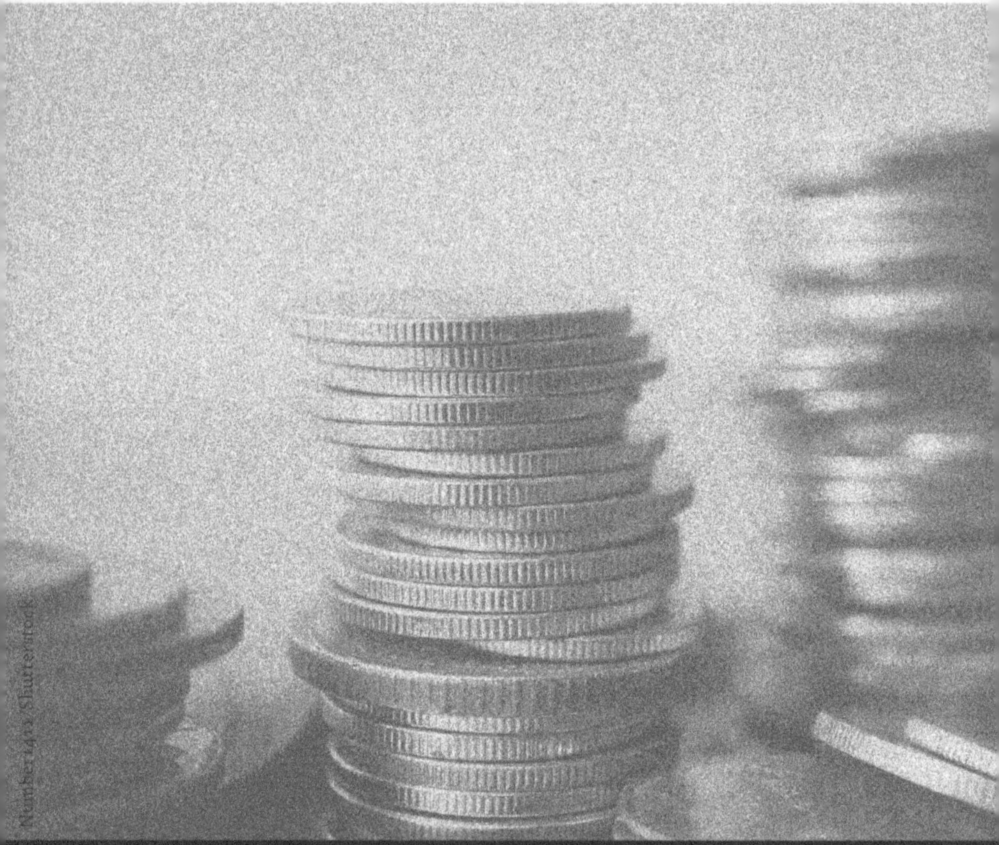

Number1411 / Shutterstock

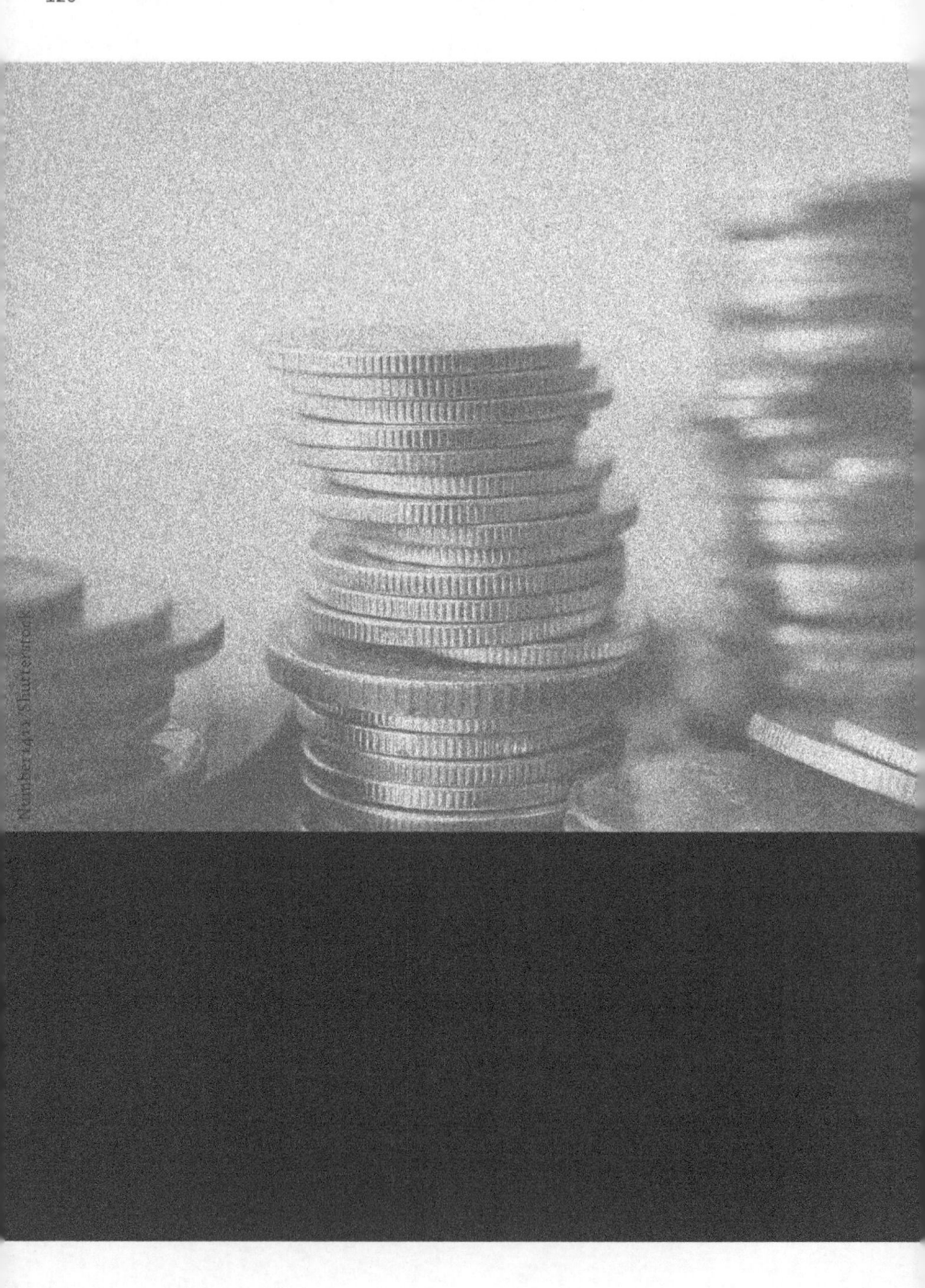

6

Competindo por meio da qualidade e da inovação dos serviços

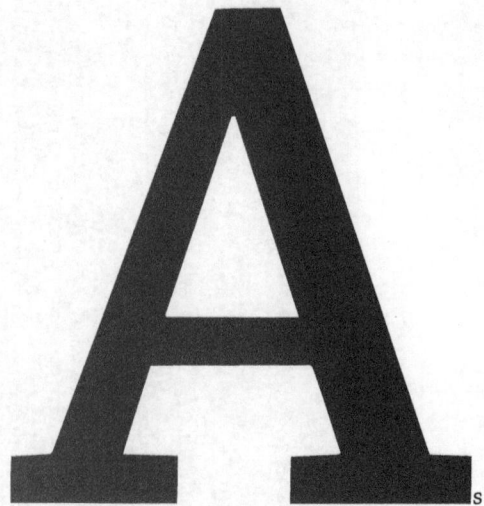

As exigências do mercado para que as organizações se mantenham competitivas nunca estiveram tão altas, especialmente no setor de serviços. Um setor que representa quase 70% de nosso produto interno bruto (PIB), como o leitor já pode imaginar, exige dos empresários a adoção de diversas estratégias para se manterem competitivos: atender às necessidades dos clientes, atentar às movimentações dos concorrentes e monitorar constantemente novas tecnologias. Essa realidade não se aplica a todas as organizações, mas, evidentemente, existem algumas formas pelas quais as empresas podem preparar-se para escolher e adotar algumas estratégias inteligentes.

Existem três estratégias competitivas genéricas: liderança geral de custos, diferenciação e foco. Elas foram desenvolvidas por Heskett (1986), e trataremos de cada uma delas a seguir, tendo como base a descrição original do autor, com a adição de alguns exemplos pontuais para melhor entendimento.

6.1 LIDERANÇA GLOBAL EM CUSTOS

A primeira estratégia reside na busca pela liderança de determinado setor ou mercado por meio da redução equilibrada e sustentável dos custos do serviço. Para isso, uma prestadora de serviços necessita de instalações em escala eficiente, controle rígido de custos e despesas gerais e, frequentemente, tecnologia inovadora. Ter uma estratégia de baixo custo fornece uma segurança maior contra a concorrência, uma vez que os concorrentes menos eficientes (com custos maiores) sofrerão primeiro com eventuais pressões competitivas. Pode parecer contraditório, mas a implementação de uma estratégia de baixo custo geralmente requer alto investimento de capital em equipamentos de última geração, preços agressivos e perdas iniciais para aumentar a participação no mercado. A justificativa para isso é que esse investimento todo é feito apenas em momentos pontuais e específicos, ao passo que seus benefícios são duradouros e sustentáveis.

Uma estratégia de liderança de custos, por vezes, pode revolucionar um setor. Um exemplo disso foi o surgimento de algumas empresas de aviação chamadas de *low costs*, que acabaram por sacudir o mercado e fazer as organizações que até então eram dominantes no mercado rever suas estratégias.

❖ Procurando clientes de baixo custo

O custo envolvido no atendimento de cada cliente também não é sempre o mesmo. Por exemplo, um grupo de clientes familiarizado com o uso da tecnologia (aplicativos, *sites* etc.) tende a custar muito menos para a empresa do que um cliente que não tem o hábito ou o conhecimento para utilizá-la.

Esse grupo acarreta custos mais baixos ao prestador do serviço, pois os integrantes são "tecnologicamente nômades", ou seja, estão acostumados e dispostos a fazer negócios por telefone, correio ou *on-line*, meios de interação muito mais baratos do que os tradicionais, realizados em estruturas físicas.

O banco digital Nubank é um exemplo do uso dessa estratégia. Ao focar seu grupo de clientes em pessoas com menor média de idade e familiarizadas com a tecnologia para fazer transações bancárias, a organização baixa seus custos consideravelmente, pois dispensa o uso de agências físicas, diminuindo o número de funcionários necessários para sua operacionalização.

❖ Padronizando um serviço personalizado

Normalmente, a preparação do imposto de renda ou mesmo a rotina de processos de contabilidade de uma empresa é considerada um serviço personalizado. A antiga *startup* de contabilidade Contabilizei, no entanto, tem tido sucesso em atender clientes em todo o país, padronizando ações voltadas à contabilidade com o objetivo de torná-las mais intuitivas para o cliente e fáceis de operacionalizar para a empresa. A palavra-chave aqui é *rotina*.

❖ **Reduzindo o elemento pessoal na entrega de serviços**
Reduzir o número de funcionários responsáveis pela entrega do serviço é, sem dúvida, uma estratégia de alto risco. Todavia, pode ser bem aceita pelos clientes, caso eles sintam que tal mudança resulte em maior conveniência. Por exemplo, o acesso conveniente aos caixas eletrônicos afastou os clientes da interação pessoal com caixas ao vivo e, consequentemente, reduziu os custos de transação para os bancos. Outro exemplo é a implantação de caixas de autopagamento em supermercados, o que permitiu a compradores de poucos itens que ficassem em longas e intermináveis filas, agilizando seu atendimento.

❖ **Reduzindo custos de rede**
Reduzir custos de rede significa simplificar os processos do serviço, diminuindo, ajustando ou eliminando alguns processos ou fases da prestação do serviço. Nesse sentido, serviços que exigem grandes redes de fornecedores e clientes correm maiores riscos de adicionar custos altos para a operacionalização.

❖ **Colocando as operações de serviço *off-line***
Muitos serviços, de modo geral, como nas áreas médica e de transporte de passageiros, são inerentemente *on-line*, pois só podem ser realizados com a presença física do cliente. Contudo, para aqueles em que o cliente não precisa estar presente, a transação de serviço pode ser dissociada total ou parcialmente, com algum conteúdo executado *off-line*. Como exemplo, podemos citar os restaurantes que investem em parcerias com aplicativos de entrega. Perceba que o valor desembolsado pelo cliente é o mesmo, mas os custos do restaurante tendem a ser significativamente menores do que seriam se o cliente estivesse presente no restaurante.

6.2 Diferenciação

A segunda estratégia preconizada por Heskett (1986) para uma organização competir por meio da qualidade é a diferenciação. Essa estratégia tem um foco muito semelhante à da competição pela inovação, sobre a qual versaremos a seguir. Contudo, a diferenciação se coloca aqui como um aspecto mais simples em termos operacionais. Ao passo que a inovação pressupõe a implantação de um serviço ou processo novo ou significativamente melhorado, a diferenciação se resume a se diferenciar, oferecer serviços distintos em relação ao concorrente – o que até pode, mas não necessariamente, caracterizar-se como inovação.

A essência da estratégia de diferenciação reside na criação de um serviço percebido como único. Repare que a palavra *percebido* não exige que o serviço seja, de fato, único, mas que seja assim julgado pelo cliente.

Uma estratégia de diferenciação precisa centrar seus esforços na criação da fidelidade do cliente. A diferenciação para aprimorar o serviço geralmente é alcançada dentro de um custo que o cliente-alvo, *a priori*, está disposto a pagar.

❖ **Tornar o serviço tangível**

Por característica natural, os serviços são considerados intangíveis. Todavia, muitos prestadores de serviços estão adicionando artigos tangíveis aos seus serviços. São exemplos disso hotéis que oferecem itens de limpeza como cortesia aos hóspedes, serviços de mecânica ou lavagem de carros que entregam algum objeto para ser colocado dentro do carro com a logo da empresa (como um saco de lixo, por exemplo), entre outros.

❖ **Personalizar o serviço padrão**

Oferecer um toque de personalização no meio da tão necessária padronização pode ser muito interessante. Apesar de isso parecer contraditório, faz muito sentido. Lembre-se de que a padronização dos serviços não representa um engessamento. Por isso, é perfeitamente possível dar um toque personalizado. Um simples gesto de atender o cliente pelo nome já pode ser considerado uma personalização. Estar disposto a fazer ajustes no serviço para agradar um ou outro cliente pode aumentar muito a percepção de qualidade.

❖ **Reduzir o risco percebido**

São diversos os motivos que podem levar os clientes a perceber um risco elevado nos serviços que contratam, tais como: informações distorcidas, complexas ou incompletas, falta de comunicação, excesso de burocracia, ente outras. Diminuir esses riscos excessivos deve ser motivo de esforço por parte dos prestadores de serviços. Talvez a *empatia* seja, novamente, a palavra-chave nesse momento. Por isso, passe conhecimento, confiança e segurança aos clientes, e, invariavelmente, o risco percebido diminuirá.

❖ **Prestar atenção ao treinamento de pessoal**

Talvez esse seja o aspecto mais importante. Já comentamos, neste livro, que os serviços são baseados, em grande parte, em interações humanas entre prestador e cliente. A esta altura, você já deve ter percebido que as pessoas são peças centrais de qualquer serviço. Por isso, contar com um pessoal bem treinado, competente e, principalmente, conhecedor da natura humana é fundamental para o sucesso de qualquer produto.

Nenhuma tecnologia, nenhum recurso financeiro abundante, tampouco um mercado altamente promissor serão capazes de manter uma empresa competitiva se ela não contar com pessoas competentes para realmente fazer o serviço transparecer a qualidade esperada. Você, leitor, já deve ter vivenciado a sensação de entrar em um restaurante com bom ambiente, comida gostosa e uma boa companhia, mas sua experiência foi "estragada" porque foi atendido por profissionais cujo comportamento e competência não faziam jus ao restante.

Em suma, quer ter uma empresa de serviços de sucesso? Invista em pessoas e construa uma equipe. Isso, por si só, fará sua empresa alçar grandes voos.

❖ **Controle de qualidade**

Esse último item representa quase a junção dos anteriores. Estabelecer um controle de qualidade significa buscar um nível consistente. Nessa sentido, as empresas têm abordado tal problema de várias maneiras, incluindo treinamento de pessoal, procedimentos explícitos, tecnologia, limites no escopo do serviço, supervisão direta e pressão dos pares, entre outras.

6.3 Foco

Durante a leitura desta obra, você deve ter percebido que, para uma prestadora de serviço, fazer tudo e não fazer nada, na prática, é quase a mesma coisa. Esse é o princípio do foco que abordaremos neste momento.

A estratégia de foco se desenvolve em torno da ideia de atender muito bem a determinado mercado-alvo delimitado, observando as necessidades específicas dos clientes. Na ânsia de atender a todos, por vezes a empresa pode acabar não atentando a ninguém.

Portanto, essa estratégia sugere que a prestadora de serviço volte seus esforços para um mercado-alvo restrito. Isso torna as ações mais eficazes em relação a concorrentes que buscam atender a um mercado mais amplo. Ações focadas resultam em menores custos, mais competitividade e maiores chances de conseguir antever eventuais necessidades e desejos do público-alvo específico.

A esse respeito, atualmente, a inovação pode ser considerada uma arma competitiva extremamente eficaz. As empresas que inovam crescem em ritmo mais acelerado e são mais competitivas em seus setores. Mas a inovação nem sempre foi entendida dessa forma.

No Brasil, até meados dos anos 1980, a grande arma competitiva da maioria das empresas era o preço. As organizações rivalizavam para ver quem conseguia oferecer seus serviços (e produtos) com o preço mais baixo ao consumidor. Nos dias de hoje, isso pode até soar estranho, mas a mentalidade de uma parcela significativa da sociedade era essa. Comprava-se de quem vendia mais barato. A qualidade era elemento secundário em muitos setores.

Muito disso ocorria por conta do comportamento dos consumidores da época, que tinham no preço uma variável central no processo decisório de adquirir ou não um serviço. Posteriormente, na década de 1990, movidos principalmente pela mudança do comportamento do consumidor e pelo *boom* dos programas de qualidade (ISO 9000, por exemplo), que passaram a ser uma exigência de muitos órgãos governamentais da época, os consumidores passaram a colocar a qualidade como premissa para adquirir algum produto ou serviço. Na prática, significa que os clientes estavam dispostos a pagar um pouco mais por algo que apresentasse mais qualidade. O preço continuou sendo importante, mas deixou de ser fator crucial para a decisão de compra.

Contudo, já comentamos que a percepção da qualidade pelos consumidores envolve diversas variáveis com alto grau de subjetividade. Nos anos 2000, além de todas as variáveis que estudamos até o momento, a inovação passou a ser vista como um desses critérios, inclusive sendo primordial. Muitas pessoas passaram a associar serviços com características inovadoras à alta qualidade, mesmo antes de tê-los vivenciado.

6.4 COMPETINDO POR MEIO DA INOVAÇÃO

A inovação já tinha começado a ser estudada pela ciência com mais afinco, e a sociedade começou a perceber seu valor e a associá-la à qualidade. Na prática, isso representou uma parcela crescente da população aceitando pagar um pouco mais por aquilo que era novo, inédito, que despertava sua curiosidade. A expressão *pagar um pouco mais* está diretamente ligada à percepção prévia da qualidade de um serviço inovador.

A partir desse momento, sem excluir a importância do preço como variável influenciadora do papel decisório para a compra de um serviço, a inovação passou a ser um fator determinante na escolha dos clientes. Esse fenômeno continua expandindo-se até os dias de hoje. São poucas as pessoas que ainda resistem às novidades do mercado. Com maior ou menor intensidade, todos nós somos tentados a contratar o serviço que está "na moda".

Atualmente, a inovação é tão importante que o adjetivo *inovadora* é uma das primeiras coisas que falamos quando nos remetemos às melhores empresas do mundo. Diante disso, ela ultrapassou o ponto de ser vista como diferencial competitivo e passou a ser uma variável indispensável para qualquer empreendedor do setor de serviços que queira ser reconhecido pela qualidade.

O *Manual de Oslo*, da Organização para a Cooperação e o Desenvolvimento Econômico (OCDE), é a principal obra sobre inovação do mundo. Nem tanto pelo arcabouço científico, mas por ser a base mundial para a definição de políticas públicas voltadas à inovação e à qualidade. Além disso, é elaborado por um comitê formado pelas maiores autoridades mundiais no assunto. Assim, o manual define *inovação* como "um produto ou processo novo ou aprimorado (ou uma combinação dos mesmos) que difere significativamente dos produtos ou processos anteriores da empresa e que foi disponibilizado para usuários em potencial (produto) ou utilizado pela empresa (processo)" (OECD, 2018, p. 20, tradução nossa).

Esse conceito, embora muito bem elaborado, necessita de algumas noções complementares para ser totalmente compreendido pelos leitores, tal como o conceito de inovação de produto/serviço: "Uma inovação de produto é um bem ou serviço novo ou aprimorado que difere significativamente dos bens ou serviços anteriores da empresa e que foi introduzido no mercado" (OECD, 2018, p. 21, tradução nossa).

Vale salientar uma característica cultural do Brasil para clarear esse conceito. Nos Estados Unidos e na Europa, a inovação de serviços é vista como um tipo de inovação de produto. Por isso, a expressão *produto é um bem ou serviço novo* pode nos causar certa estranheza. Para nossa cultura, a definição de *produtos* engloba apenas bens tangíveis, ao passo que *serviços* abrangem bens intangíveis de modo geral.

Síntese

Neste capítulo, apresentamos as abordagens que as prestadoras de serviços podem adotar para se manterem competitivas em seus respectivos mercados. Afirmamos, também, que não há uma "receita mágica" que atinja resultados de uma hora para a outra. Por isso, as estratégias demandam do gestor muito conhecimento e competência para serem colocadas em prática. Sob essa ótica, o grande diferencial reside na escolha da estratégia certa e no momento correto.

Questões para revisão

1. Neste capítulo, apresentamos algumas estratégias que as organizações prestadoras de serviço podem adotar para se manterem ou aumentarem sua competitividade. A quantas estratégias estamos nos referindo?
   a) Duas.
   b) Três.
   c) Cinco.
   d) Quatro.
   e) Seis.

2. Procurar clientes de baixo custo é uma ação muito inteligente se você buscar reduzir os custos da organização. Sob essa perspectiva, o que podemos considerar como clientes de baixo-custo?
   a) Clientes com baixo poder aquisitivo.
   b) Clientes com familiaridade em relação ao uso de tecnologia.
   c) Clientes que procuram pelo serviço apenas esporadicamente.
   d) Clientes com alto poder aquisitivo.
   e) Cliente fiéis.

3. Qual das alternativas a seguir indica a estratégia de oferecer serviços distintos em relação aos concorrentes?
   a) Custos.
   b) Marketing.
   c) Diferenciação.
   d) Preço.
   e) Competitividade.

4. A estratégia do foco ressalta a importância de ter clareza sobre o público-alvo que a organização pretende atender. Em sua opinião, qual é o maior benefício de uma empresa ao estabelecer um público-alvo bem definido em detrimento de tentar atender a todo mundo?

5. A inovação é uma estratégia interessante de competitividade para as empresas prestadoras de serviços. Nesse sentido, a principal obra que aborda essa temática é o *Manual de Oslo*. Como você resumiria, em poucas palavras, a importância da inovação como arma competitiva para as prestadoras de serviços?

Questão para reflexão

1. A inovação é uma excelente arma de competitividade. Você se lembra de alguns exemplos de serviços inovadores que conheceu nos últimos três anos? Em que medida eles foram inovadores?

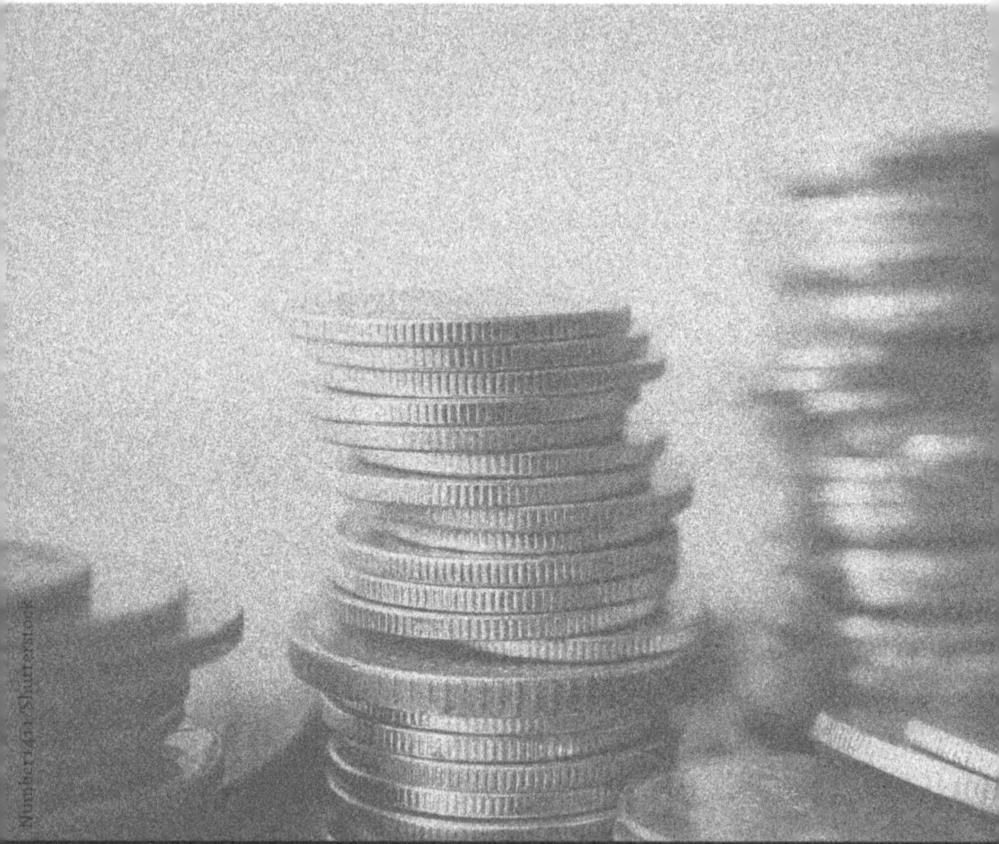

Number1411/Shutterstock

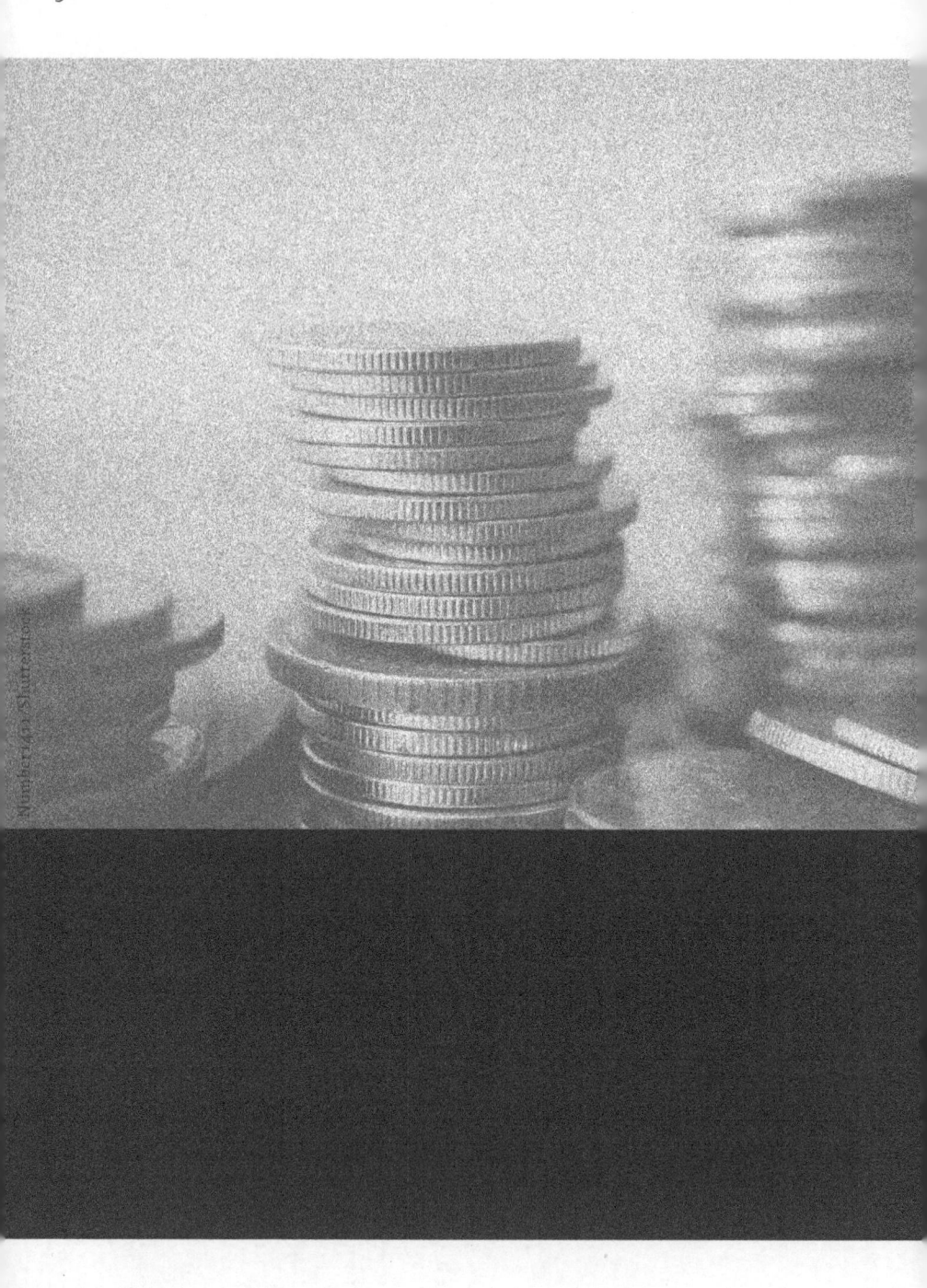

7

Custos referentes à prevenção, à inspeção no conceito estratégico e aos sistemas para a monitoração dos serviços

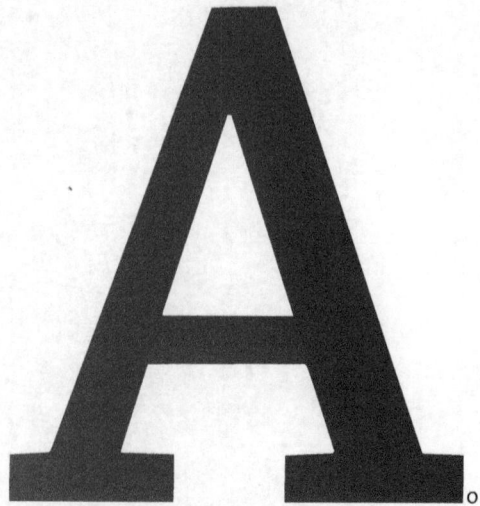

Ao falarmos em custos de qualidade, é bem provável que os leitores mais atentos tenham sentido certo incômodo com o uso do termo *custos*. Seria o dinheiro dispendido para manter e aumentar a qualidade de um serviço um custo ou um investimento? Logo voltaremos a essa discussão.

Não se sabe ao certo quando esse assunto começou a ser estudado. Acredita-se, no entanto, que, na década de 1950, a temática passou a ser debatida internacionalmente, ainda como um constructo muito mais reduzido do que hoje. Cerca de duas décadas depois, o tema chegou ao Brasil, ainda sendo trabalhado por algumas empresas multinacionais. Cientificamente, esse tema apresenta diversas limitações até a atualidade, com muitas poucas publicações disponíveis. Em suma, trata-se de um debate indiscutivelmente importante e ainda carente de um entendimento mais aprofundado na ciência. Podemos considerar, portanto, que há um campo aberto a ser explorado por pesquisadores do mundo todo.

7.1 OS CUSTOS DA QUALIDADE

Paralelamente às carências científicas, a qualidade atingiu certo grau de notoriedade na década de 1990, com a disseminação dos programas de qualidade por diversas empresas Brasil afora, principalmente as famosas ISOs (International Organization for

Standardization – em português, Organização Internacional de Normalização).

Voltemos ao "incômodo" relatado três parágrafos atrás. Gastar com qualidade é custo ou é investimento? Crosby (1994), na obra intitulada *Qualidade é investimento*, defende que a qualidade é um investimento com retorno assegurado. O autor afirma que o que "custa" para a empresa é a ausência de um nível aceitável de qualidade. O Professor José Carlos de Toledo (2002), da Universidade de São Paulo (USP), corrobora com o autor ao revelar que o termo deveria ser *custos da não qualidade*, tamanha a importância de se analisar os gastos com qualidade como um investimento e não como custo, de fato.

Todavia, apesar de deixarmos claro que os gastos com qualidade devem ser considerados investimentos, a expressão *custo da qualidade* ainda continua sendo utilizada e disseminada pelo mundo em normas nacionais e internacionais. Por isso, nesta obra, ao se deparar com ela, entenda-a unicamente como uma necessidade de alinhamento às referências internacionais.

Uma inquietação que muitos prestadores de serviço sentem diz respeito à falta de clareza sobre como anda a qualidade dos serviços prestados. Valorar a qualidade não é uma tarefa fácil, por isso, Toledo (2002) sugere algumas reflexões que podem orientar as empresas prestadoras de serviços a coletar informações importantes e que podem direcionar alguns aspectos gerenciais:

- Qual é o valor da qualidade que a empresa oferece?
- Quanto custa a qualidade que está sendo obtida na empresa?
- Quanto está custando a falta de qualidade para a empresa?
- Quanto custa a perda de um cliente por problemas de qualidade?
- Em que é viável investir para reduzir os custos da falta de qualidade?
- Como está o desempenho da empresa em qualidade?

O autor ressalta que essas reflexões ajudam as organizações a quantificar e categorizar custos, investimentos e perdas envolvidas no processo de obtenção da qualidade da organização. Podemos considerar os custos da qualidade como a medida dos custos associados ao sucesso e ao fracasso no processo de obtenção da qualidade. Tais custos associados podem ser representados em quatro categorias: (1) custos de prevenção, (2) custos de avaliação, (3) custos de falhas internas e (4) custos de falhas externas. Os custos de prevenção e de avaliação são, ainda, categorizados como inevitáveis; e os de falhas internas e externas, como evitáveis.

A seguir, apresentamos uma definição para cada uma das quatro categorias, de acordo com Toledo (2002):

- **Prevenção:** diz respeito aos custos associados às atividades de projeto, à implementação e à operação do sistema de gestão da qualidade, incluindo a administração e auditoria do sistema, em todo o ciclo de produção (do projeto ao pós-venda). Portanto, refere-se aos gastos ocasionados com o propósito de evitar defeitos.
- **Avaliação:** relaciona-se aos custos associados à medição, à avaliação e à auditoria de características da matéria-prima, componentes e produtos para assegurar a conformação com os padrões de qualidade. Portanto, refere-se aos custos das atividades de inspeção (avaliação da qualidade) propriamente dita.
- **Falhas internas:** custos associados a materiais, componentes e produtos que não satisfazem os padrões de qualidade, causando perdas na produção, e que são identificados antes de o produto deixar a empresa. Portanto, diz respeito aos custos de falhas ocorridas e verificadas internamente.
- **Falhas externas:** custos gerados pela distribuição de produtos defeituosos ou que estão fora dos padrões de conformidade. Portanto, custos de falhas identificadas/ocorridas externamente.

A seguir, apresentaremos quatro figuras elaboradas com base em Toledo (2002) relativas aos elementos do custo de cada uma das quatro categorias citadas. Em seguida, além de exemplificar esses custos, refletiremos brevemente sobre eles.

Figura 7.1 – Custos de prevenção

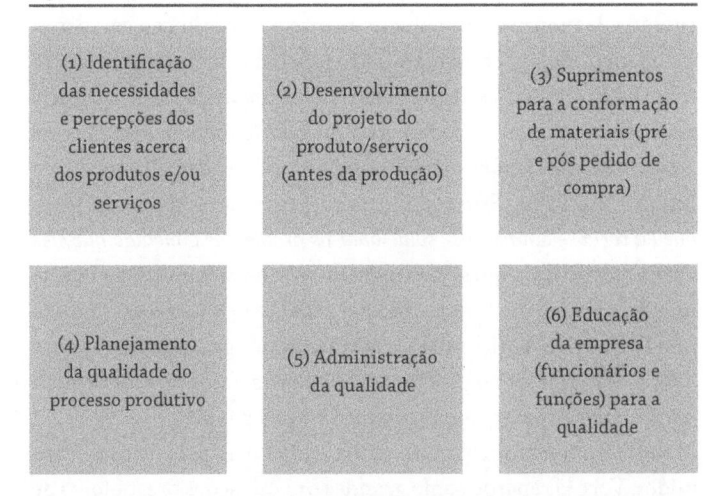

(1) Identificação das necessidades e percepções dos clientes acerca dos produtos e/ou serviços	(2) Desenvolvimento do projeto do produto/serviço (antes da produção)	(3) Suprimentos para a conformação de materiais (pré e pós pedido de compra)
(4) Planejamento da qualidade do processo produtivo	(5) Administração da qualidade	(6) Educação da empresa (funcionários e funções) para a qualidade

Fonte: Elaborado com base em Toledo, 2002.

Como exemplos de cada um desses custos, Toledo (2002) cita, entre outros e na ordem da figura anterior: (1) pesquisa de mercado; (2) testes de qualificação de novos produtos; (3) avaliação de fornecedores; (4) projeto e desenvolvimento de técnicas e instrumentos de medição e ensaios; (5) auditorias da qualidade (somente sistema e processo); e (6) custos de educação, conscientização e motivação da empresa para a qualidade.

A Figura 7.1 evidencia a importância da gestão da qualidade preventiva. Todos e quaisquer investimentos realizados para que eventuais problemas possam ser antecipados e, consequentemente, não percebidos pelo cliente são fundamentais e necessários. Não são raras as vezes em que prestadores de serviços negligenciam a importância da prevenção no processo de qualidade e optam por "apagar incêndios" à medida que os problemas acontecem. Além de o custo ser excessivamente maior, o hábito de resolver os problemas apenas quando eles surgem acaba tornando os problemas muito nítidos aos olhos dos consumidores, o que, evidentemente, faz a percepção da qualidade pelo cliente ser seriamente afetada.

Uma possível justificativa para essa negligência reside na dificuldade de mensurar se o investimento em prevenção compensa a ausência dos problemas futuros. É bastante comum, nesse momento, alguns gestores pensarem: *Será que, de fato, a ausência de problemas decorreu do fato de a prevenção ter sido bem feita ou havia chance de o problema não acontecer independentemente da prevenção?* Ou, ainda: *Será que o custo da prevenção compensa os custos que eu teria se optasse por solucionar os problemas à medida que eles aparecessem?* Tais questionamentos são mais comuns do que se imagina e já podem ter passado pela cabeça de muitos gestores de prestadores de serviços por aí. Mas podemos garantir que apenas o fato de evitar que o problema chegue aos olhos do consumidor já faz o investimento em prevenção valer a pena.

Reflita um pouco sobre isso colocando-se na pele de um consumidor. Você já reparou como grandes organizações prestadoras de serviço, como a gigante Amazon, por exemplo, parecem não ter problemas? A empresa nos passa a imagem de que tudo funciona de maneira clínica, os processos acontecem naturalmente, tudo é rápido e ágil, o que nos confere a sensação de satisfação quase instantaneamente quando utilizamos o serviço.

Naturalmente, a Amazon tem problemas como qualquer outra organização que envolva tamanha complexidade em seus processos. Mas, então, como ela consegue prestar um serviço que beira o impecável? A sensação que nós, consumidores, temos em relação à ausência de problemas no serviço prestado por empresas como a Amazon não reside na ausência de problemas, mas sim na capacidade de antevê-los e preveni-los de modo eficaz. Nesse sentido, o "pulo do gato" é mapear todos os gargalos com potencial para ser geradores de problemas e criar mecanismos para minimizá-los.

A essa altura, você pode estar pensando que já teve problemas com empresas desse porte. Certamente, antever e, principalmente, prevenir a ocorrência de 100% dos problemas possíveis pode ser considerado uma missão quase impossível, haja vista as infinitas possibilidades de ocorrência diante das expectativas, por vezes infundadas, de alguns consumidores. Todavia, a prevenção ainda é o melhor caminho para alavancar a percepção de qualidade dos clientes em relação aos serviços prestados.

Agora que já destacamos a importância da prevenção na percepção de qualidade dos serviços aos olhos do cliente, discutiremos a relevância da avaliação nos custos da qualidade, conforme mostrado na Figura 7.2.

Figura 7.2 – Custos de avaliação

(1) Inspeções e testes de produtos/serviços adquiridos	(2) Avaliação (auditoria e testes) das operações de execução de produto/serviço	(3) Avaliação das instalações do cliente (antes da aceitação do produto)

Fonte: Elaborado com base em Toledo, 2002.

Como exemplos de cada um desses custos, Toledo (2002) cita, entre outros e na ordem da figura anterior: (1) qualificação ou homologação de fornecedores, produtos ou serviços; (2) homologação de produtos ou processos por agências oficiais; e (3) inspeção e ensaios durante a montagem no cliente.

Tão importante quanto a antecipação dos problemas e a implementação de processos que possam antever os desafios é a avaliação constante de que tudo está sendo bem realizado. Como mencionamos anteriormente, é praticamente impossível prever todas as possibilidades e se antecipar a todos os problemas. Por isso, a avaliação constante de todos os processos envolvidos na prestação dos serviços é de suma importância. Ambos (antecipação de problemas e implementação de processos) fazem parte dos custos inevitáveis (ou que deveriam ser inevitáveis) para a alavancagem da qualidade dos serviços.

Ao contrário do que pode parecer, as categorias de prevenção e avaliação não se diferem, unicamente, pelo fato de dizerem respeito, respectivamente, a "antes" e "durante" a prestação do serviço.

Algumas ações da categoria de avaliação também podem ser feitas com antecipação (visando à prevenção), como a escolha de fornecedores que atendam aos padrões de qualidade estabelecidos ou o estabelecimento de padrões de qualidade nos processos logísticos, por exemplo. Mas, evidentemente, a maior parte dos custos referentes a essa categoria são, de fato, medições, verificações, inspeções e ajustes dos processos realizados durante a prestação do serviço e, de preferência, antes de o consumidor perceber qualquer "deslize".

Em conjunto, a prevenção e a avaliação formam o que Toledo (2002) chamou de *custos inevitáveis da qualidade*. Quanto mais eficazes forem os investimentos na prevenção e na avaliação da qualidade, menor tenderá a ser a necessidade de gastos para a correção de falhas, chamadas de *custos evitáveis*, sobre os quais falaremos a seguir, a começar pelos custos das falhas internas.

Os custos relativos às falhas internas referem-se aos gastos não planejados (ou não esperados) que a organização deve assumir caso queria, minimamente, reparar os danos na percepção do cliente com relação ao serviço. Note que, nesse momento, via de regra, o cliente já percebeu algum problema e, muito provavelmente, a empresa já terá sua avaliação da qualidade do serviço afetada, por mais que, ao final, ainda seja capaz de atingir sua expectativa inicial.

As falhas internas podem originar-se das três formas vistas na Figura 7.3.

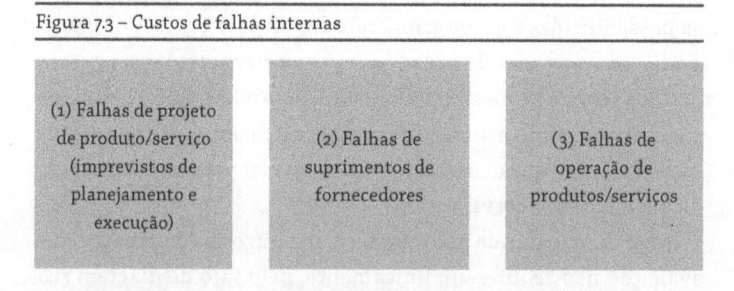

Figura 7.3 – Custos de falhas internas

(1) Falhas de projeto de produto/serviço (imprevistos de planejamento e execução)	(2) Falhas de suprimentos de fornecedores	(3) Falhas de operação de produtos/serviços

Fonte: Elaborado com base em Toledo, 2002.

Como exemplos de cada um desses custos, Toledo (2002) cita, entre outros e na ordem da figura anterior: (1) sucata oriunda das alterações de projeto; (2) reposição de materiais comprados; e (3) retrabalho e reparo de operação. Ademais, o autor cita outros tipos de custos de falhas internas, como problemas de embarque de material e reprojeção de itens decorrentes de erros ou problemas de fabricação.

As **falhas de projeto ou serviço** causam retrabalho e desperdício de tempo e recursos organizacionais. Já as **falhas de suprimentos** envolvem um trabalho mal realizado por fornecedores ou terceiros que estejam diretamente envolvidos no processo de prestação do serviço. Sobre isso, vale um comentário: é muito comum que as organizações, diante do cliente, justifiquem falhas de terceiros para tentar amenizar os danos sobre a percepção negativa. Saiba que, aos olhos do consumidor, a responsabilidade pelo serviço é unicamente do prestador, afinal de contas, é com este que a relação comercial foi feita, e não com o terceirizado. Portanto, mesmo que o fornecedor deixe a desejar e impacte diretamente o serviço, quaisquer falhas cometidas por ele serão de inteira responsabilidade da empresa responsável. Por sua vez, as **falhas de operação do serviço** referem-se ao erro operacional durante a prestação serviço. É trágico sob o ponto de vista dos clientes e abrange grandes custos para ser reparado, além de retrabalho.

Perceba que todas essas falhas internas poderiam ser minimizadas, em maior ou menor grau, com ações preventivas bem feitas. Abordaremos a importância dessa equação mais adiante. Agora, conheceremos os custos envolvidos nas falhas externas ao serviço (Figura 7.4).

Figura 7.4 – Custos de falhas externas

(1) Administração das reclamações de clientes/ usuários	(2) Responsabilidade civil pelo item defeituoso	(3) Devolução de produtos/ serviços (transporte, reparo e troca)	(4) Solicitação de garantia de produto/serviço
(5) Alteração das especificações de projeto (eliminação ou atenuação de deficiências)	(6) Penalidades contratuais pós-entrega de produto/serviço	(7) Concessões para a satisfação de clientes/ usuários	(8) Perdas de vendas

Fonte: Elaborado com base em Toledo, 2002.

Como exemplos de cada um desses custos, Toledo (2002) cita, entre outros e na ordem da figura anterior: (1) investigação, julgamento e resposta às reclamações; (2) custos com advogados, registros e indenizações; (3) erros de marketing; (4) custos com pessoal de serviço; (5) erros de engenharia; (6) multas por devoluções e atrasos na entrega; (7) desconto de vendas; (8) desgaste da imagem da empresa.

Os custos da qualidade relacionados às falhas externas são mais facilmente identificados em empresas fabricantes de produtos, mas nem por isso são menos importantes nas prestadoras de serviço. A razão para isso é o fato de que a avaliação do cliente sobre a qualidade de um serviço é mais imediata quanto à avaliação sobre um produto. Normalmente, logo ao final da prestação de um serviço, o cliente já é capaz de formar sua opinião, ao contrário do que ocorre com um produto – por vezes, leva-se mais tempo para o cliente avaliar sua satisfação.

De qualquer forma, existem diversas situações que podem acarretar falhas externas ou pós-prestação dos serviços. É perfeitamente possível um cliente identificar uma situação em não conformidade muito tempo depois de o serviço ser prestado. Como exemplo desse tipo de situação, podemos citar serviços de construção civil.

As falhas externas causam custos extremamente altos à prestadora. Por serem identificadas após o momento da prestação, elas exigem da prestadora um reinício do serviço, ou seja: acionar novamente os profissionais envolvidos, novos custos com equipamentos, tempo, entre outras despesas.

Agora que já examinamos as quatro categorias que formam os custos da qualidade dos serviços, vamos centrar nossas atenções para verificar qual é a melhor forma de relacioná-las a fim de que os custos sejam minimizados. Realmente vale a pena investir em prevenção e avaliação dos problemas? Ou é melhor esperar que eles aconteçam e resolvê-los na medida em que forem surgindo?

7.2 Como administrar os custos da qualidade dos serviços

As quatro categorias apresentadas, como você já deve ter entendido, representam uma "balança" que fornece ao gestor opções sobre como gerenciar da melhor forma possível os custos da qualidade da empresa. Normalmente, vale a seguinte regra: invista em A e B (isto é, custos de prevenção e de avaliação) para economizar em C e D (ou seja, custos de falhas internas e externas), mas é muito importante que os gestores saibam quanto custam A, B, C e D.

Todavia, seria leviano de nossa parte achar que essa conta é a mesma para qualquer organização, independentemente do ramo ou do porte. Evidentemente, não. Se assim fosse, teríamos todos os problemas resolvidos facilmente, o que, naturalmente, não é o caso. Cada empresa vive um contexto diferente a ser analisado e que deve ser levado em consideração.

É importante salientar que os custos da qualidade em si, como valores absolutos, fornecem informações pouco significativas. Por essa razão, tais informações devem ser relacionadas com outras iniciativas que possam indicar o desempenho da empresa a partir de diferentes pontos de vista (Toledo, 2002).

A esse respeito, Toledo (2002) sugere alguns pontos importantes que devem ser ponderados nessa conta:

- horas ou custos de mão de obra;
- custo da prestação do serviço;
- faturamento;
- volume de serviços prestados.

Para Toledo (2002), a abordagem de gestão atual reside na análise das tendências e na alocação dos recursos às quatro categorias de custos da qualidade apresentadas anteriormente (prevenção, avaliação, falhas internas e falhas externas) considerando-as globalmente, em vez de levar em conta cada elemento separadamente. O relacionamento básico entre as quatro categorias de custos demonstra que investimentos em prevenção e avaliação podem reduzir os custos de falhas.

Os custos da qualidade se relacionam de acordo com o que está apresentado no Gráfico 7.1.

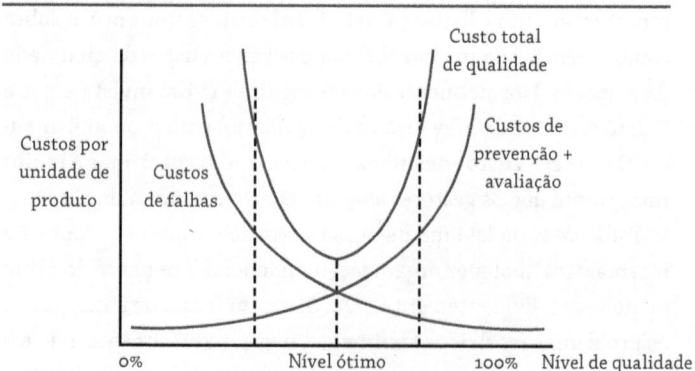

Gráfico 7.1 – Relacionamento dos custos da qualidade

Zona de melhoria	Zona de indiferença	Zona de perfeccionismo
Custos de falhas > 70%	Custos de falhas ~ 50%	Custos de falhas < 40%
Custos de prevenção < 10%	Custos de prevenção ~ 10%	Custos de avaliação > 50%

Fonte: Juran; Gryna, 1988, citados por Fojo, 2021, tradução nossa.

O gráfico mostra que, quando os custos de prevenção (A) e de avaliação (B) forem zero, o produto (ou lote) será 100% defeituoso, e o custo de falhas (C + D) tenderá a ser muito elevado. Por outro lado, quando o serviço está 100% dentro da qualidade de conformação, não há falhas, mas os custos de prevenção e de avaliação tendem a ser muito altos. A ideia, então, é encontrar um "ponto ótimo". Graficamente, esse ponto ótimo é representado na intersecção das curvas A + B e C + D (Fojo, 2021).

> Portanto: custos de prevenção (A) + custo de avaliação (B) = custo de falhas (C + D).

A zona de melhoria representa o momento em que a empresa identifica projetos de melhorias de seus serviços. É nela que se encontram os serviços de má qualidade e/ou de custos altos.

A zona de perfeccionismo, por sua vez, é caracterizada por altos custos de prevenção e avaliação associados a uma excelente qualidade percebida pelos clientes. Nesse ponto, a empresa deve apenas reavaliar os custos alinhados às falhas detectadas.

Por fim, na zona de indiferença, a relação entre os custos de prevenção e avaliação e os custos de falhas é equilibrada, considerada como ideal (Toledo, 2002).

7.3 Análise das tendências dos custos da qualidade

Toledo (2002) levanta algumas questões provenientes de estudos das tendências dos custos da qualidade:

- ❖ Quanto deve ser investido em prevenção?
- ❖ Como se relacionam as quatro categorias de custo para a empresa em questão?
- ❖ Qual é a participação ótima (em %) de cada categoria no custo total da qualidade?
- ❖ Qual redução de custo será ou está sendo obtida?

Logicamente, não são perguntas de fácil resposta, e nem se pretende que assim seja. A maior contribuição dessas questões reside no fato de levar o gestor dos serviços a refletir continuamente sobre esses pontos. Por vezes, mesmo diante da impossibilidade de se obter números exatos, só o fato de o gestor buscar melhorar a relação entre os custos para obter qualidade e receita já faz muitas organizações aumentarem seu desempenho.

A resposta a essas questões dependerá de fatores econômicos, tipo de serviço, complexidade dos processos do serviço, mercado, público, entre outros aspectos. Além disso, exigirá um aprofundamento da organização na definição dos atributos dos serviços, das categorias e dos elementos dos diversos custos da qualidade.

Síntese

Neste capítulo, demonstramos que o gerenciamento dos custos da qualidade deve fazer parte do planejamento estratégico de qualquer prestadora de serviços. As informações oriundas desse gerenciamento podem apoiar decisões importantes, identificar problemas, direcionar investimentos, entre outros benefícios. Alinhada a outras iniciativas gerenciais, a gestão dos custos auxiliará os gestores a colocar em prática ações mais eficazes e voltadas para o aumento da competitividade e da percepção de qualidade por parte dos consumidores.

Questões para revisão

1. Apesar de a nomenclatura *custos da qualidade* ser mais popular nos meios acadêmico e científico, é viável tranquilamente analisar esses custos com qualidade como um(a) _____.

    Assinale a alternativa que apresenta a palavra que completa corretamente a sentença:

    a) perda
    b) falha

c) investimento
d) gasto
e) erro

2. Toledo (2002), principal autor de referência deste capítulo, classificou os custos com qualidade em duas categorias. Quais são elas?
   a) Custo e investimento.
   b) Preço e valor.
   c) Prevenção e avaliação.
   d) Custos evitáveis e custos inevitáveis.
   e) Falhas internas e falhas externas.

3. Mapear os gargalos que podem evidenciar potenciais falhas nos processos do serviço é um trabalho que não vale a pena ser feito, principalmente em razão de não ser possível mapear todas as possíveis falhas de serviços de alta complexidade, como os da Amazon, por exemplo. Essa afirmação está:
   a) Correta. É impossível mapear processos de alta complexidade.
   b) Incorreta. A Amazon não se enquadra em processos de alta complexidade.
   c) Correta. O custo envolvido nesse mapeamento sempre supera os possíveis ganhos.
   d) Incorreta. É possível mapear os gargalos de potenciais falhas, e os ganhos com esse processo são muito significativos para qualquer empresa.
   e) Correta. Faltam profissionais com competência para fazer isso em uma empresa como a Amazon.

4. Cite os três tipos de falhas internas que podem acontecer e seus significados.

5. Veja novamente o Gráfico 7.1:

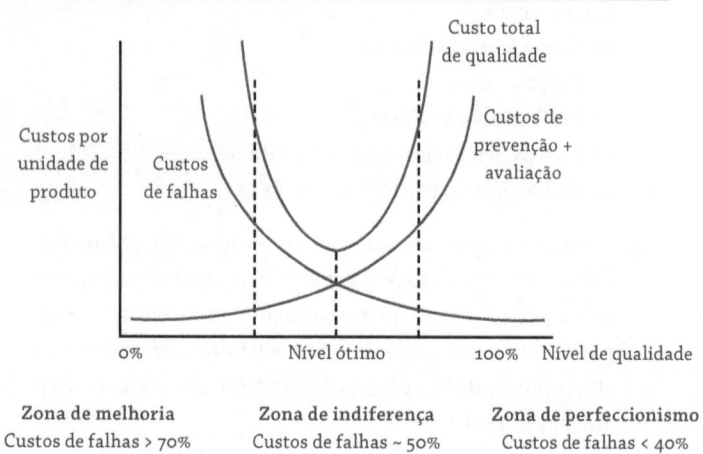

Gráfico 7.1 – Relacionamento dos custos da qualidade

Zona de melhoria	Zona de indiferença	Zona de perfeccionismo
Custos de falhas > 70%	Custos de falhas ~ 50%	Custos de falhas < 40%
Custos de prevenção < 10%	Custos de prevenção ~ 10%	Custos de avaliação > 50%

Fonte: Juran; Gryna, 1988, citados por Fojo, 2021, tradução nossa.

O que significa o ponto de intersecção (de contato) entre as duas curvas no centro do gráfico?

Questão para reflexão

1. Relate, em poucas linhas, qual foi a maior falha que você, como cliente, já identificou em alguma empresa que estava prestando serviços a você ou a algum conhecido seu. O que você faria, se pudesse, para evitá-la?

Considerações finais

Esperamos que este livro tenha ampliado seus conhecimentos sobre este tema tão instigante e importante que é a qualidade em serviços. Por isso, abordamos diversos tópicos interessantes com a missão promover a reflexão sobre o assunto.

Como qualquer constructo científico, o avanço do conhecimento sobre essa temática está em constante evolução. De qualquer forma, todo o conteúdo citado nesta obra foi cuidadosamente escolhido para retratar o que atualmente há de melhor sobre o assunto, incorporando autores contemporâneos aos clássicos consagrados.

No início do livro, explicamos que o setor de serviços vem crescendo exponencialmente no mundo todo, representando uma parcela cada vez mais significativa das riquezas dos maiores países do mundo, e não é diferente no Brasil. Isso certamente se refletirá em mais estudos sobre o tema. Ainda no primeiro capítulo, reunimos algumas definições de serviços e comentamos como eles podem ser estudados.

Posteriormente, apresentamos algumas características gerais dos serviços e de que forma eles são avaliados com base na percepção de qualidade das pessoas. Identificamos como se estabelece a percepção da qualidade dos consumidores – esse talvez tenha sido o "coração" desta obra. Sob essa perspectiva, entender como o serviço é percebido pelas pessoas é tão ou mais importante do que o que ele é de fato. Em suma, sempre analise a qualidade dos serviços tendo em mente como as pessoas o veem.

Diante disso, em seguida, abordamos dois instrumentos de medida da percepção da qualidade: o Servqual e o Servperf. Evidentemente, há outros instrumentos na literatura com a mesma finalidade, mas a credibilidade demonstrada por ambos nos fizeram escolhê-los para esta obra. O Servqual, em especial, tem sido muito usado por ter sido embasado na teoria dos *gaps*, cada vez mais difundida entre os estudiosos no tema e que parte da premissa de que a percepção da qualidade dos serviços pelos consumidores é reflexo das falhas (*gaps*) demonstradas pelos serviços. Inclusive, defendemos a ideia de que a qualidade de uma organização não é medida pela ausência de falhas, mas sim pela habilidade de corrigi-las de modo eficaz, gerando valor ao consumidor.

Além disso, apresentamos outro ponto fundamental para o entendimento do tema: o comportamento do cliente. Conhecer e antecipar alguns comportamentos dos clientes pode ser um diferencial competitivo importante. Nessa perspectiva, atitudes simples podem ajudar os gestores a alinhar seus serviços com vistas a atender com mais assertividade aos desejos, aos anseios e às expectativas das pessoas.

Ainda, comentamos sobre a gestão das falhas dos serviços, bem como de que maneira posicionar o serviço e a marca no mercado e fazer a gestão do comportamento dos consumidores. Já na parte final, aprendemos que os custos, a diferenciação, o foco e a inovação podem ser armas competitivas extremamente eficazes para o setor de serviços. Inclusive, alguns setores já as consideram questão de sobrevivência.

No último capítulo, estudamos os custos da qualidade e como eles podem alavancar os serviços de diversas formas, retraindo gastos, aumentando receitas e alavancando a competitividade.

Ao fim desta obra, esperamos que você tenha não só compreendido o conteúdo apresentado, mas, principalmente, entendido a importância da qualidade nos serviços, independente de você ser um estudante, um empreendedor ou meramente um curioso no assunto.

Referências

ABNT – Associação Brasileira de Normas Técnicas. **NBR ISO 9004: gestão da qualidade** – qualidade de uma organização: orientação para alcançar o sucesso sustentado. Rio de Janeiro, 2019.

ALBRECHT, K. **Serviços com qualidade**: a vantagem competitiva. São Paulo: Makron Books, 1992.

BERRY, L. **Descobrindo a essência do serviço**: os nove geradores de sucesso sustentável nos negócios. Rio de Janeiro: Qualitymark, 2001.

BITNER, M. J. Servicescapes: the Impact of Physical Surroundings on Customers and Employees. **Journal of Marketing**, v. 56, p. 57-71, Apr. 1992.

BORDOLOI, S.; FITZSIMMONS, J. A.; FITZSIMMONS, M. J. **Service Management**: Operations, Strategy, Information Technology. 9. ed. Boston: McGraw Hill, 2019.

BRUCE, R. G.; QUINN, J. B. (Ed.). **Technology in Services**: Policies for Growth, Trade, and Employment. Washington: National Academy Press, 1988.

CARVALHO, M. M., PALADINI, E. P. **Gestão da qualidade**: teoria e casos. Rio de Janeiro: Campus, 2005.

COBRA, M. **Administração de marketing no Brasil**. 3. ed. Rio de Janeiro: Elsevier, 2009.

CORRÊA, L. H.; GIANESI, I. G. M. Qualidade e melhoria dos sistemas de serviços. In: CORRÊA, L. H.; GIANESI, I. G. M. **Administração estratégica de serviços.** São Paulo: Atlas, 1994. p. 195-207.

CRONIN, J.; TAYLOR, S. Measuring Service Quality: a Reexamination and Extension. **Journal of Marketing,** v. 56, n. 3, p. 55-68, 1992.

CROSBY, P. B. **Qualidade é investimento.** Rio de Janeiro: J. Olympio, 1994.

DARWIN, C. **A origem das espécies:** e a seleção natural. São Paulo: Madras, 2011.

DEMING, W. E. **Qualidade:** a revolução da administração. Rio de Janeiro: Marques Saraiva, 1990.

EDVARDSSON, B.; GUSTAFSSON, A.; ROOS, I. Service Portraits in Service Research: a Critical Review. **International Journal of Service Industry Management,** v. 16, n. 1, p. 107-121, 2005.

FITZSIMMONS, J.; FITZSIMMONS, M. **Administração de serviços:** operações, estratégia e tecnologia da informação. 7. ed. São Paulo: McGraw Hill; Porto Alegre: AMGH, 2014.

FOJO, Y. L. **Costos de calidad:** en busca de la calidad de gestión. Disponível em: <https://www.monografias.com/trabajos75/costos-calidad-calidad-gestion/costos-calidad-calidad-gestion2.shtml>. Acesso em: 26 dez. 2021.

GARVIN, D. A. What does "Product Quality" Really Mean? **Sloan Management Review,** v. 26, n. 1, 1984. Disponível em: <https://sloanreview.mit.edu/article/what-does-product-quality-really-mean>. Acesso em: 26 dez. 2021.

HESKETT, J. L. Managing in the Service Economy. Boston: Harvard Business School Press, 1986.

HILL, P. On Goods and Services. The Review of Income and Wealth, n. 4, p. 315-338, Dec. 1977.

IBGE – Instituto Brasileiro de Geografia e Estatística. Contas nacionais trimestrais: tabela 1846 – valores a preços correntes. Disponível em: <https://sidra.ibge.gov.br/tabela/1846#/n1/all/v/all/p/-1/c11255/90687,90691,90696,90705,90706,90707,93404, 93405,93406,N93407,93408,102880/l/v,,c11255+t+p/resultado>. Acesso em: 26 dez. 2021.

JOHNSTON, T. C.; HEWA, M. A. Fixing Service Failures. Industrial Marketing Management, v. 26, p. 467-477, 1997.

KOTLER, P. Administração de marketing: análise, planejamento, implementação e controle. 5. ed. São Paulo: Atlas, 1998.

LINTON, C.; DONNELY, R. CIM Coursebook: Delivering Customer Value Through Marketing. USA: Elsevier, 2009.

LOVELOCK, C. H.; GUMMESSON, E. Whither Services Marketing? In Search of a New Paradigm and Fresh Perspectives. Journal of Service Research, v. 7, p. 20-41, Ago. 2004.

LOVELOCK, C. H.; WIRTZ, J.; HEMZO, M. A. Marketing de serviços: pessoas, tecnologia e estratégia. 7. ed. São Paulo: Pearson, 2011.

MARTINS, P. G.; LAUGENI, F. P. Administração da produção. São Paulo: Saraiva, 2005.

MILLER, J. L.; CRAIGHEAD, C. W.; KARWAN, K. R. Service Recovery: a Framework and Empirical Investigation. **Journal of Operations Management**, v. 18, n. 4, p. 387-400, Jun. 2000.

OECD – Organisation for Economic Co-operation and Development. **Oslo Manual 2018**: Guidelines for Collecting, Reporting and Using Data on Innovation. 4. ed. Paris, 2018.

PARASURAMAN, A.; ZEITHAML, V. A.; BERRY, L. L. A. A Conceptual Model of Services Quality and its Implication for Future Research. **Journal of Marketing**, v. 49, n. 4, p. 41-50, 1985.

PARASURAMAN, A.; ZEITHAML, V. A.; BERRY, L. L. A. Servqual: a Multiple-Item Scale for Measuring Consumer Perceptions of Service Quality. **Journal of Retailing**, v. 64, n. 1, p. 12-40, 1988.

SALOMI, G. G. E.; MIGUEL, P. A. C.; ABACKERLI, A. J. Servqual × Servperf: comparação entre instrumentos para a avaliação da qualidade de serviços internos. **Gestão & Produção**, v. 12, n. 2, p. 279-293, maio/ago. 2005. Disponível em: <https://www.scielo.br/j/gp/a/RRrGvM5xSZSJnNdsGYthxNw/?format=pdf&lang=pt>. Acesso em: 26 dez. 2021.

SCHMENNER, R. W. How can Service Businesses Survive and Prosper? **Sloan Management Review**, v. 27, n. 3, Spring 1986. Disponível em: <https://sloanreview.mit.edu/article/how-can-service-businesses-survive-and-prosper/>. Acesso em: 26 dez. 2021.

SMITH, A. **A riqueza das nações**. 3. ed. São Paulo: M. Fontes, 2016.

SPOHRER, J. et al. Steps toward a Science of Service Systems. **Computer**, v. 40, n. 1, p. 71-77, Jan. 2007.

TOLEDO, J. C. **Conceitos sobre custos da qualidade (apostila)**. Universidade Federal de São Paulo, 2002. Disponível em: <https://edisciplinas.usp.br/pluginfile.php/5011280/mod_resource/content/1/CustosdaQualidadeApostila.pdf>. Acesso em: 26 dez. 2021.

TROUT, J. **The New Positioning**: the Latest on the World's # 1 Business Strategy. New York: McGraw-Hill, 1997.

VALARIE, A. et al. **Services Marketing**. 4. ed. New York: McGraw-Hill, 2006.

ZARIFIAN, P. Valor, organização e competência na produção de serviço: esboço de um modelo de produção de serviço. In: SALERNO, M. S. (Org.). **Relação de serviço**: produção e avaliação. São Paulo: Senac, 2001. p. 95-149.

ZEITHAML, V.; PARASURAMAN, A.; BERRY, L. L. **Delivering Service Quality**: Balancing Customers Perceptions and Expectations: New York: The Free Press, 1990.

Capítulo 1

QUESTÕES PARA REVISÃO

1» c
2» e
3» a
4» O setor de serviços representa mais de 70% do PIB do Brasil. Só essa razão já responderia à questão. Todavia, abordar a situação do número de empregados envolvidos e de como os serviços estão presentes em nossas vidas também seria interessante para responder à pergunta do enunciado.
5» Serviços tangíveis são serviços que incorporaram aspectos tangíveis em sua execução, mas são ausentes de propriedade. Por exemplo, um hotel que disponibiliza um *kit* de higiene (aspecto tangível) aos hóspedes. Repare que não é possível entrar em um hotel e apenas comprar o *kit* de higiene sem estar nele hospedado. Em suma, é um item físico, incorporado à intangibilidade do serviço principal.

Capítulo 2

QUESTÕES PARA REVISÃO

1» e
2» a
3» b
4» Prestar um serviço confiável ao cliente se refere ao cumprimento do que foi acordado: preços, prazos, qualidade, atendimento e quaisquer outros aspectos envolvidos na relação prestador-cliente.
5» Esse alinhamento é necessário em virtude da necessidade de atender aos desejos, aos anseios e às expectativas dos consumidores por meio da prestação de serviços. Por isso, quanto mais um gestor conhecer antecipadamente tais desejos e expectativas, melhor será esse alinhamento.

Capítulo 3

QUESTÕES PARA REVISÃO

1» e
2» b
3» c
4» A principal consequência poderá ser a avaliação, por parte do cliente, de que o serviço em questão é desprovido de qualidade.
5» A empatia consiste em se colocar no lugar do cliente. Assim, torna-se mais fácil compreender seus desejos, entender seus problemas e identificar suas expectativas diante do serviço.

Capítulo 4

QUESTÕES PARA REVISÃO

1» c
2» b
3» a
4» A principal recompensa que esperamos como clientes de empresas que estimulam nossa participação na execução do serviço é o custo mais baixo.
5» Uma possível consequência é a maior possibilidade de a empresa conseguir personalizar seus serviços com menos esforço. A partir do momento em que o cliente "faz parte" da prestação do serviço, acaba passando informações importantes e em tempo real sobre suas expectativas quanto ao serviço que está sendo prestado, possibilitando à prestadora personalizar seu serviço para esse cliente de modo dinâmico.

Capítulo 5

QUESTÕES PARA REVISÃO

1» d
2» c
3» a
4» O alinhamento do preço do serviço com o valor percebido pelo cliente.
5» Consiste na conscientização da necessidade do serviço por parte do cliente. Refere-se, portanto, à reflexão do indivíduo sobre um serviço ser realmente necessário para ele.

Capítulo 6

QUESTÕES PARA REVISÃO

1» b
2» b
3» c
4» O maior benefício em focar os serviços em um público-alvo mais estreito e bem definido reside na facilidade de entender melhor o que esse público deseja com relação ao serviço. Os custos da empresa serão menores, e as informações desse público-alvo estreito fornecerão melhores diretrizes de ações voltadas para atender a esse público.
5» A inovação tem sido considerada uma arma competitiva eficaz, uma vez que, cada vez mais, a sociedade está inclinada a aceitar pagar um pouco a mais por algum serviço com "ar de novidade". Sob essa ótica, a inovação é um excelente chamariz para quase todos os tipos de público, com exceção dos mais conservadores.

Capítulo 7

QUESTÕES PARA REVISÃO

1» c
2» d
3» d
4» Falhas de projeto ou serviço: causam retrabalho e desperdício de tempo e de recursos organizacionais; falhas de suprimentos: envolvem um trabalho mal realizado por fornecedores ou terceiros que estejam diretamente envolvidos no processo de prestação do serviço; e falhas de operação do serviço: erros operacionais durante a prestação do serviço.
5» É o ponto ótimo. Quando o serviço está 100% dentro da qualidade de conformação, não há falhas, mas os custos de prevenção e de avaliação tendem a ser muito altos.

Sobre o autor

Dálcio Roberto dos Reis Júnior é doutor em Gestão Industrial pela Universidade de Aveiro-Portugal; mestre em Gestão Industrial pela Universidade Tecnológica Federal do Paraná (UTFPR); pós-graduado em Engenharia de Produção também pela UTFPR; e graduado em Educação Física pela Pontifícia Universidade Católica do Paraná (PUCPR).

É professor universitário e pesquisador nas áreas de comportamento organizacional e inovação. Autor de diversos artigos em revistas internacionais de reconhecida qualidade, como *Journal of Business Ethics*, *Managing Service Quality*, *International Journal of Manpower* e *European Journal of Innovation Management*, além de ter participado de diversos eventos internacionais.

Ainda, é avaliador de artigos da revista norte-americana *International Journal of Innovation Science*, consultor credenciado do Serviço Brasileiro de Apoio às Micro e Pequenas Empresas (Sebrae) e docente convidado em cursos de pós-graduação da PUCPR e das Faculdades da Indústria do Sistema Fiep. É pesquisador do Observatório da Indústria da Federação das Indústrias do Estado do Paraná.

Os papéis utilizados neste livro, certificados por instituições ambientais competentes, são recicláveis, provenientes de fontes renováveis e, portanto, um meio responsável e natural de informação e conhecimento.

FSC
www.fsc.org
MISTO
Papel produzido a partir de fontes responsáveis
FSC® C103535

Impressão: Reproset
Fevereiro/2023